AF316456

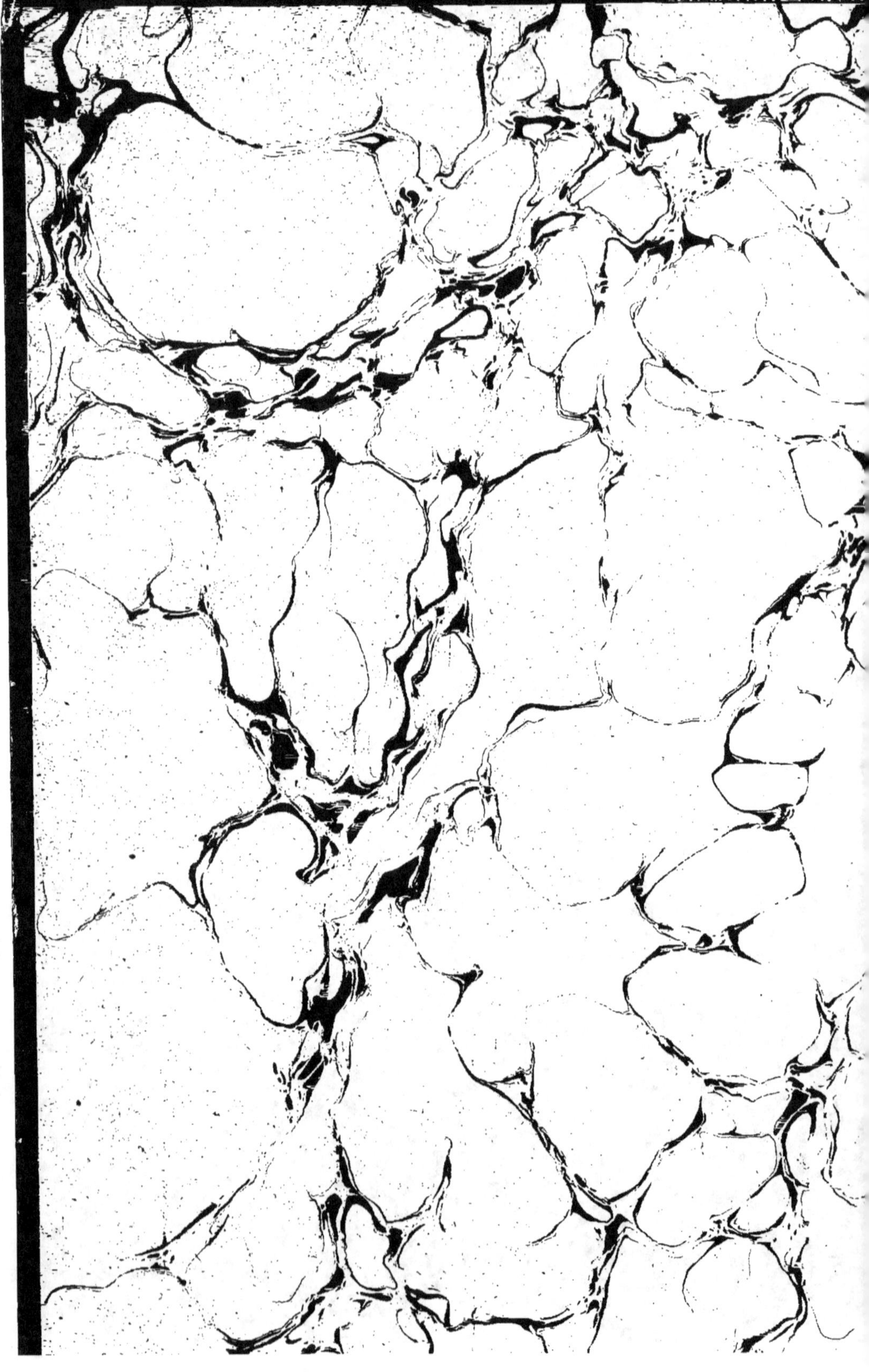

LES ATLANTES

HISTOIRE DE L'ATLANTIS ET DE L'ATLAS PRIMITIF

OU

INTRODUCTION A L'HISTOIRE DE L'EUROPE

PAR

E.-F. BERLIOUX

PROFESSEUR DE GÉOGRAPHIE A LA FACULTÉ DES LETTRES DE LYON

PARIS

ERNEST LEROUX, ÉDITEUR

28, RUE BONAPARTE, 28

1883

DU MÊME AUTEUR

La Traite orientale, histoire des chasses à l'homme organisées en Afrique depuis quinze ans pour les marchés de l'Orient. — Paris, Guillaumin, 1870. . . . . 6 fr.

The Slave Trade in Africa in 1872, *principally carried on for the
supply of Turkey, Egypt, Persia and Zanzibar, translated with a preface,
by Joseph Cooper.* — Edward Marsh, London, 1872.

André Brüe, où l'origine de la colonie française du Sénégal. — Paris,
Guillaumin, 1874 . . . . 6 fr.

Doctrina Ptolemæi de Nilo et Nigeri. — Paris, Guillaumin, 1874. 3 fr.

Petite carte topographique de la France, avec courbes, 18 feuilles. — Lyon, Palud, Georg. . . . . 4 fr.

**La première école de géographie astronomique et la prochaine
découverte du pays des Garamantes, 1878.** — Paris, Challa, 1
Lyon, les principaux libraires. . . . . 75 cent.

**Les anciennes explorations et les futures découvertes de
l'Afrique centrale**, avec une carte. — Paris, Challamel ; Lyon, les
principaux libraires . . . . 1 fr. 25.

Le Jura, première lecture sur la carte de France. — 1880, Paris, Du-
maine. . . . . 2 fr. 50.

LES ATLANTES — HISTOIRE DE L'ATLANTIS

ET DE L'ATLAS PRIMITIF

ou

INTRODUCTION A L'HISTOIRE DE L'EUROPE

LES ATLANTES

HISTOIRE DE L'ATLANTIS ET DE L'ATLAS PRIMITIF

OU

INTRODUCTION A L'HISTOIRE DE L'EUROPE

PAR

E.-F. BERLIOUX

PROFESSEUR DE GÉOGRAPHIE A LA FACULTÉ DES LETTRES DE LYON

PARIS

ERNEST LEROUX, ÉDITEUR

28, RUE BONAPARTE, 28

—

1883

LES ATLANTES

HISTOIRE DE L'ATLANTIS ET DE L'ATLAS PRIMITIF

INTRODUCTION

Le pays de l'Atlas est une des premières terres dont le
nom se rencontre dans le souvenir des hommes. Les prêtres
de l'Égypte racontaient que le roi Atlas [1], fils de Poséidôn ou
de la mer, avait régné sur un empire puissant qui prit de lui
le nom d'Atlantis, et qui étendit son influence sur les deux
bords de la Méditerranée jusqu'à la Grèce et à la vallée du
Nil. Hésiode chantait Atlas, fils de Japet et frère de Prométhée [2]. Les traditions de la Grèce mettaient ce héros du côté
du couchant, vers une grande montagne qui touchait à
l'Océan, et elles attachaient son frère au Caucase [3], la chaîne
au pied de laquelle ont passé les peuples qui vinrent occuper
l'Europe centrale. Les deux géants gardaient les deux extrémités du monde connu, et les deux montagnes sur lesquelles
leurs noms étaient fixés servaient de piliers pour soutenir le

1. Platon, *Critias*, 1. 44, p. 255. Édition Didot.
2. Théogonie, *Vers* 507, etc.
3. Diodore, L. XVII, c. 83, § 1 ; Apollodore, L. 1, c. 7, § 1, *Frag. hist. græc.*
(Didot), I, p. 110.

ciel. Si l'on parcourt les vieilles légendes qui racontaient l'histoire de l'Atlas, ce pays ne paraît guère moins merveilleux que l'Inde ou l'Égypte, Il aurait même eu le privilège d'étendre son influence jusqu'à des terres inconnues situées par delà l'Océan.

Les problèmes soulevés par ces légendes ont été débattus bien des fois ; mais ils sont restés sans solution. Celui de l'Atlas a même été abandonné depuis longtemps, et l'on a fini par déclarer que cette montagne était une simple fiction[1]. Quand on a cherché le grand massif auquel les Grecs donnaient ce nom, ce géant qui soutenait le ciel, d'après Hésiode ; ce haut sommet qui se perdait dans les nuées, comme le racontait Hérodote[2] ; ce massif couronné de neige, comme le représentait Virgile d'après les anciens poètes[3], on n'a jamais osé croire qu'il s'agît de la superbe chaîne qui se dresse au sud de la Mauritanie occidentale en face de l'Océan. On ne pouvait comprendre que des voyageurs venus de la Méditerranée eussent visité cette montagne lointaine avant l'époque d'Hésiode et en eussent raconté les merveilles aux premiers habitants de la Grèce. Alors on décidait que l'Atlas de la légende n'avait été que la représentation d'une idée cosmographique ; il avait été inventé pour figurer un support du ciel et pour faire pendant au Caucase ; s'il y avait véritablement une chaîne puissante au point où les anciens le plaçaient, c'était un pur hasard.

La question de l'Atlantis (et non Atlantide), était beaucoup plus complexe ; elle présente en même temps de grands problèmes de géographie et d'histoire. Une tradition égyptienne recueillie par Solon, le législateur des Athéniens, et conservée par Platon, qui en parle dans deux de ses dialogues, le Timée et le Critias, racontait que l'Atlantis était le domaine

---

1. Letronne, *Bulletin Férussac, sect. hist.*, t. XVII, 1831, p. 139.
2. Livre IV, c. 184.
3. *Énéide*, IV, v. 247.

d'une nation puissante et riche ; que cette nation avait étendu ses conquêtes sur une grande partie de l'Europe et de l'Afrique, et que les envahisseurs furent exterminés à la suite d'une bataille qui eut lieu dans les environs d'Athènes. Le pays des Atlantes, au moins la province dans laquelle se trouvait la capitale, était tellement connu que Platon donne les détails les plus précis sur cette métropole et sur la campagne qui l'environnait.

D'après cette tradition, le peuple de l'Atlantis avait fait ses conquêtes neuf mille ans avant l'époque de Solon, et cependant les mêmes guerres avaient eu lieu dans un temps où Athènes existait déjà, dans la période qui s'est écoulée entre le règne de Cécrops et celui de Thésée. Les détails donnés sur l'Atlantis elle-même ne sont pas moins contradictoires en apparence. C'était une île plus grande que la Libye et l'Asie réunies, mais on ne connaissait que deux provinces de cette vaste contrée. Elle était située non loin des Colonnes d'Hercule dans la mer Atlantique, mais cette mer n'était pas l'océan auquel nous donnons ce nom, car celui-ci s'appelait l'océan Universel d'après la légende égyptienne. Pour tous les faits qui se rattachent à cette tradition, pour les dates et pour la position géographique des terres, il y a toujours une double indication, l'une qui donne à ces faits des proportions démesurées, l'autre qui les présente comme des faits ordinaires accessibles à la discussion.

Cependant la science n'a considéré l'Atlantis que sous le premier aspect, comme un continent qui aurait occupé le centre de l'océan Atlantique, qui aurait envoyé une grande invasion neuf ou dix mille ans avant notre ère et qui aurait été englouti un jour dans les flots. Dans ces conditions la légende prenait un caractère qui séduisait l'imagination mais qui déroutait les recherches. Il en est résulté que les savants se sont arrêtés devant ces faits sans essayer de les discuter. On a même fini par méconnaître le nom véritable de la terre des

Atlantes, qui s'appelait l'Atlantis et non l'Atlantide. Platon ne
donne ce nom qu'au génitif et au datif ; il écrit Ατλαντίδος-τίδι
ce qui ne permet pas de le traduire par Atlantide. Ce simple
détail suffit pour montrer que les indications géographiques et
historiques données par le philosophe sur cette terre mystérieuse n'ont pas été discutées de bien près. Si l'on avait fait
cette discussion, on aurait vu peut-être que l'Atlantis se retrouve
sur nos cartes aussi bien que l'Atlas primitif, et que les guerres
des Atlantes ne sont pas entièrement inconnues de l'histoire.

Malgré ces erreurs qui ont égaré les recherches, le problème
de l'Atlantis n'a pas été écarté comme celui de l'Atlas. Il se
rattache à trop de questions pour que l'on ait pu le supprimer ;
il touche à l'histoire du Nouveau Monde aussi bien qu'à celle
de l'Europe et de l'Afrique, aux problèmes géologiques de la
formation des continents, à toutes les recherches de philolo-
gie et d'ethnologie qui se rapportent à l'origine des peuples
européens. Tous les savants et tous les curieux qui ont abordé
ces grandes recherches se sont trouvés en face du nom des
Atlantes et de celui de l'Atlantis. On a écarté ces noms comme
des mythes, et, en dépit de ces condamnations, on n'est pas
parvenu à les faire disparaître.

Les philosophes qui ont discuté l'œuvre de Platon, M. T. H.
Martin en tête[1], ont attribué un caractère purement mythique
à l'histoire de l'Atlantis. Humboldt, qui a examiné la question
au nom de cette science générale du Cosmos dans laquelle se
rencontrent l'astronomie, la géologie, l'histoire et la géographie, n'y a vu également qu'un mythe cosmographique[2].
D'autres ont eu plus de confiance en Platon et ont cherché la
place de l'Atlantis au milieu de l'Océan ; M. Gaffarel s'est demandé si elle n'était pas ensevelie sous la mer de Sargasse.
M. d'Arbois de Jubainville, dans sa savante étude : *Les premiers habitants de l'Europe,* écarte la question géographique ;

1. T. H. Martin, *Études sur le Timée,* t. I. p. 257.
2. *Cosmos,* v. II, p. 113.

il se contente de remarquer que l'Atlantis pourrait bien être l'Atlas.

Pour la question historique, il admet les faits comme réels ; il constate de plus que Platon a assigné deux dates bien différentes aux guerres des Atlantes ; mais il rappelle ces événements comme s'ils avaient eu lieu dans les âges les plus reculés, sans essayer de les rattacher à l'histoire de la Grèce et de l'Égypte.

En résumé, dans l'état actuel de la science, les questions de l'Atlas primitif, de l'Atlantis et des Atlantes ont été supprimées plutôt que résolues.

Les uns n'ont vu que des mythes dans les faits qui s'y rattachent, les autres ont reporté ces faits à une époque et sur un théâtre qui échappent à la critique de l'histoire et de la géographie ; personne n'a essayé de discuter les textes anciens, celui de Platon en particulier, en prenant les détails un à un, pour en examiner la valeur, et pour voir si ces documents ne rappellent pas des faits réels.

Cependant voilà que ces problèmes s'imposent de nouveau à la discussion. Ils ne se présentent plus aux recherches des savants comme des questions d'érudition se rapportant à des textes anciens, ils prennent une forme entièrement nouvelle. En effet les terres de l'Atlas ne sont pas seulement riches en souvenirs consignés dans les livres, elles sont de plus parsemées de monuments dont la série remonte aux âges les plus reculés et dont il faut retrouver l'histoire. Les dolmens s'y montrent plus nombreux que dans l'Armorique[1]. C'est là que vient aboutir la longue traînée de ces monuments mégalithiques dont l'autre extrémité se trouve dans les Indes. Les tumulus y marquent les traces d'une seconde époque également mystérieuse[2] ; mais ces tertres funéraires qui forment de lon-

____

1. Tchihatchef, *Espagne, Algérie et Tunisie*, p. 147. — Flower, *On the prehistoric sepultures of Algeria*.
2. Rohlfs, *Reise durch Marokko*, p. 21.

gues lignes à travers l'ancien monde, ne s'arrêtent pas à l'Océan ; ils le franchissent pour reparaître sur les terres américaines. Chaque jour, à mesure que l'on interroge de plus près cette région, on y découvre des vestiges plus nombreux du passé. Ces trésors sont d'autant plus riches que cette terre a été fermée plus longtemps aux recherches.

A côté des monuments des premiers âges, on en rencontre d'autres qui rappellent une civilisation plus élevée [1]. Sur le versant méridional de la chaîne africaine, qui paraît particulièrement riche en souvenirs de cette seconde époque, des parois rocheuses sont couvertes d'inscriptions écrites en caractères inconnus, et de dessins barbares gravés au trait, qui représentent des hommes et des animaux. D'autres inscriptions, qui semblent avoir la même origine, ont été retrouvées sur les roches des Canaries : ces îles étaient donc reliées à l'Atlas. Ailleurs, dans les solitudes inhospitalières du Sahara algérien, la pioche des explorateurs découvre des villes qui se cachent sous le sable.

Quant aux ruines carthaginoises et surtout à celles de l'époque romaine, elles se montrent partout avec une profusion qui étonne, attestant l'ancienne prospérité de ce pays et montrant ce qu'il peut devenir un jour. Ces richesses du passé sont tellement nombreuses que l'école supérieure d'Alger vient d'être officiellement chargée d'en entreprendre l'exploration et l'étude. Elle est comme assimilée aux écoles françaises de Rome et d'Athènes ou à la mission du Caire, et placée sous le patronage de l'Académie des Inscriptions.

Le champ d'exploration dont les savants académiciens vont dresser le plan est des plus vastes ; les limites assignées à ce petit livre sont beaucoup plus modestes. Il s'agit simplement de savoir où se trouvait l'Atlas que les peuples de la Grèce primitive regardaient comme une des plus hautes montagnes du globe ; de dire comment cette montagne a été visitée avant

---

1. Académie des Inscriptions, séances du 21 et 28 avril 1882.

les temps d'Hésiode ; d'expliquer pourquoi des voyageurs
partis de la Méditerranée centrale entreprirent cette lointaine
exploration ; de trouver l'emplacement de l'Atlantis, qui n'a
pas sombré dans l'Océan ; de raconter l'histoire des Atlantes,
qui n'ont pas vécu neuf mille ans avant notre ère, puisqu'ils
existaient encore vers l'époque d'Hérodote ; en d'autres ter-
mes, il s'agit seulement de faire le premier chapitre de l'histoire de l'Atlas. Cette période n'a pas vu les événements fabu-
leux dont la légende la remplissait ; mais elle en a vu d'autres,
beaucoup plus intéressants, qui ont eu la plus grande influence sur les âges suivants, non seulement pour l'Afrique,
mais encore pour l'Europe.

Les éléments de cette histoire existent ; ils sont entre les
mains du public ; mais ils n'ont jamais été coordonnés ni même
bien compris. Pour comprendre ce que les anciens racontaient
de l'Atlas, il fallait que les modernes eussent suffisamment
exploré cette contrée. Avant que l'on eût visité les puissants
massifs qui s'élèvent au sud du Maroc jusque dans le voisinage
de l'Océan, il était impossible de trouver la place des grands
sommets rencontrés par les voyageurs d'autrefois ; avant que
les inscriptions égyptiennes eussent raconté les invasions des
Libyens, on ne pouvait comprendre que cette terre eût envoyé
des conquérants vers les régions de la Méditerranée orientale
comme l'avait raconté Solon ; avant que l'on eût rencontré des
tumulus dans les montagnes de l'ancienne Mauritanie, on ne
s'expliquait pas le récit où Diodore raconte qu'une nation libyenne enterra ses morts sous de grands tertres placés au
pied de l'Atlas qui regarde l'Océan [1]. Les nombreux textes des
anciens qui s'appliquent à cette contrée étaient lettre close
tant que l'on n'avait pas revu les terres dont ils font mention.

Un fait montre combien ces documents ont besoin d'être
repris pour être soumis à une nouvelle critique :

Hérodote, dans le passage qui a été signalé plus haut, donne

____
1. L. III. c. 55, 2.

une description très curieuse où il indique un itinéraire allant de l'Égypte au pays des Atlantes. Or, cette description qui est citée dans toutes les études sur l'Afrique, a été discutée d'une façon tellement incomplète, que personne n'a cherché le massif particulier auquel les Égyptiens donnaient le nom d'Atlas. Le travail de critique appliqué aux anciens textes qui se rapporte à la grande chaîne africaine est donc à refaire. C'est le sujet de cette étude.

On voit d'ailleurs de quelle importance doit être l'étude de l'Atlas primitif, si l'on remarque le caractère historique et géographique de cette région. Au point de vue historique, les anciens affirmaient que cette terre avait été une des premières occupées dans le bassin occidental de la Méditerranée et la présence des dolmens prouve que cette assertion était véritable ; ils disaient que l'Atlas avait été le domaine d'un fils de Japet, et il se rencontre que ces monuments mégalithiques sont répandus sur une aire qui a les mêmes dimensions que l'héritage des Japhétiques ; ils rapportaient que les Atlantes avaient franchi l'Océan pour atteindre un vaste continent situé par delà, et il est constaté que les tumulus, dont la traînée passe sur l'Atlas, vont se répéter sur l'Amérique du nord. Ces coïncidences multiples montrent d'avance quelles seront les révélations de cette vieille terre : elle répondra à des questions qui intéressent en même temps l'ancien monde et le continent américain.

La géographie explique cette vaste influence. La terre de l'Atlas est située au débouché de la Méditerranée, en face de l'Europe occidentale, sur le prolongement direct de la côte égyptienne, à la tête de la ligne la plus courte qui conduit au Nouveau Monde. Elle forme une sorte de continent à part, placé à la limite de l'Europe et de l'Afrique, et n'appartenant, en réalité, ni à l'un ni à l'autre de ces deux continents.

C'est comme une île comprise entre la Méditerranée et le désert, entre la mer des Syrtes et l'Océan, et qui présente un immense quadrilatère. Les quatre angles de cette terre sont marqués par des noms qui comptent entre les plus célèbres de l'histoire. Au nord-ouest, c'est le détroit auquel les anciens avaient attaché le nom d'Héraclès, un héros que se disputent l'Europe et l'Asie, et dont le rôle historique sera mieux connu quand l'Atlas nous aura révélé ses secrets. Au nord-est, en face de la Sicile, c'est la terre de Carthage, la rivale de Rome, qui s'apprête à se relever de ses ruines.

Au second angle oriental, celui qui regarde la Petite-Syrte, la terre de l'Atlas s'arrête sur le lac de Triton, dont le nom est redevenu populaire à cause des entreprises dont il est l'objet, et dont les rives furent habitées par Athènè la Tritonide qui a donné son nom à la cité athénienne [1]. Le quatrième angle qui se dresse sur une côte inhospitalière en face de l'Océan, est le plus beau de tous, puisqu'il est dominé par la grande chaîne qui porta seule d'abord le nom d'Atlas. Il a été aussi le plus illustre, puisque c'est au pied de ces hauteurs, du côté du midi, qu'était assise la métropole des Atlantes, la grande cité populeuse d'où l'on partait pour les terres situées par delà l'Océan. Entre ces quatre promontoires marqués par les noms d'Héraclès, de Carthage, de Triton et d'Atlas, s'étend un vaste domaine tout couronné de montagnes, qui fut d'une merveilleuse richesse dans les vieux âges, et qui compte encore entre les plus beaux de l'univers.

Pour retrouver l'histoire de cette terre dans les textes anciens, sans s'exposer aux erreurs qui ont égaré jusqu'ici les recherches, il y a une méthode qui donne des résultats certains ; il faut contrôler chacun de ces textes en le comparant avec la carte du pays dont il parle. Quand Diodore nous raconte l'expédition d'un Héraclès qui s'en alla de la Crète jusque chez les Atlantes, on est certain que l'expédition a eu lieu si la route parcourue par le héros est jalonnée par une ligne de noms géographiques ayant la même origine et s'étendant

1. Hérodote, IV, c. 180, 188, 189.

de la Crète à l'Océan par l'Atlas méridional ; de pareilles coïncidences ne peuvent être fortuites. Il en est de même pour les expéditions qui conduisirent les Atlantes jusqu'aux frontières de la Tyrrhénie et, plus tard, jusqu'à la Grèce, en passant par la Sicile [1]. On est sûr que ces invasions sont autre chose qu'un mythe, si elles ont laissé sur le sol des traces marquées par des noms géographiques. C'est donc la géographie qui sert de contrôle à tous ces textes, et ce contrôle suffit pour reconnaître, d'une façon générale, l'authenticité de chaque pièce quand il est fait dans des conditions régulières.

Après avoir soumis tous les documents anciens à cette épreuve, il en est resté un assez grand nombre pour reconstituer, dans son ensemble, l'histoire de l'Atlas, depuis l'arrivée des premiers hommes qui ont occupé ce pays, jusqu'à l'époque où il a été envahi par les Phéniciens ; pour distinguer les différentes colonnes d'immigrants qui ont colonisé cette terre, les hommes de dolmens, ceux des tumulus, les populations européennes et les Sémites arrivés de l'Asie ; pour retrouver les luttes de ces deux races ; pour suivre les lointaines expéditions des Atlantes européens jusqu'au delà de l'Océan et jusqu'aux terres de l'Orient ; pour reconnaître la part de richesses et d'idées qu'ils ont laissée dans l'héritage de l'humanité ; enfin pour savoir comment cette race a succombé après une lutte glorieuse de plusieurs siècles, comment elle a abandonné son pays aux Berbères et aux Phéniciens. C'est à l'arrivée de ces derniers que s'arrête cette étude. Avec les Phéniciens commence la seconde période de l'histoire africaine.

En comparant ces deux époques, celle des Atlantes et celle des colons venus de la Phénicie, on verra, avec étonnement, que la période la plus brillante, la plus connue aussi, n'est pas celle où les maîtres de Tyr et de Carthage ont dominé sur l'Afrique occidentale, mais bien la période des Atlantes.

Avec cette population européenne, le pays de l'Atlas fut

1. Platon, *Timée,* éd. Didot, p. 202, 1, 21.

ouvert aux étrangers et visité par des voyageurs venus des différentes contrées qui entourent la Méditerranée. Il eut de grands centres industriels et même des écoles dont les œuvres ne sont pas toutes perdues. Par contre, dès que les Phéniciens eurent établi leurs colonies autour de cette terre, l'Atlas fut fermé au commerce étranger. Il eut encore de grands marchés, mais il cessa d'être un champ ouvert à la science et il rentra dans l'obscurité, c'est-à-dire dans la barbarie.

Hérodote donne une preuve évidente de cette transformation. Au moment de la grande prospérité de Carthage, cet historien curieux, qui était toujours en quête de renseignements et qui en a recueilli de très précieux sur l'Atlas méridional, occupé par les héritiers des Atlantes, n'a trouvé aucune indication sur le littoral compris entre Carthage et les Colonnes d'Hercule. Pour toute cette terre du nord, il ne connaît que le nom de la métropole carthaginoise et celui du détroit ; il n'a pas même entendu parler des Numides ni des Maures : cette zone avait été fermée par ses nouveaux maîtres qui veillaient sur leur domaine avec un soin jaloux.

Il ressort de ces indications que l'histoire des Atlantes est de la plus grande importance pour la science. Quelle que soit la valeur du livre qui essaie de la raconter, il est certain que les événements de cette histoire présentent par eux-mêmes l'intérêt le plus puissant et qu'ils sont encore inconnus pour la plupart. A cause de cela, l'auteur se bornera à les exposer, sans s'arrêter à une discussion critique des autres ouvrages qui ont traité le même sujet ; il suit une voie dans laquelle personne n'a passé. Il se bornera donc à citer les livres auxquels il fait des emprunts, sans parler des autres.

Il est inutile de faire étalage d'érudition et plus inutile encore de critiquer les savants qui ont ouvert la voie et qui se sont égarés surtout parce qu'ils marchaient les premiers. Il n'y aura de discussion que sur certains grands faits se rattachant plutôt à l'histoire de l'Europe qu'à celle de l'Atlas.

C'est que l'histoire des Atlantes et des Libyens a autant et même plus d'importance pour l'Europe que pour l'Afrique. Ces deux peuples ont été les premiers habitants des terres européennes, et, sur ces terres, ils ont eu une bonne fortune qui leur a manqué de l'autre côté de la Méditerranée ; leur race n'y a pas disparu, elle n'y a pas été exterminée ni refoulée. Bien loin de là, les immigrants des différentes colonnes qui sont venus les uns après les autres s'établir à côté d'eux, sauf un seul groupe, celui des Vascons ou Basques, dont l'influence a été fort restreinte, étaient tous apparentés à cette population des premiers âges, si bien qu'ils en ont été les héritiers plutôt que les adversaires.

Dés les premiers jours, l'Europe a été habitée par la race qui l'occupe aujourd'hui. Sur cette terre, il y a eu unité de population, unité d'œuvre et même unité de pensée. Les premiers peuples qui l'ont habitée ont transmis à ceux qui les ont remplacés, non seulement leurs domaines, mais encore leur fortune et une partie de leurs connaissances.

Il n'y a jamais eu d'interruption dans la transmission de leur héritage. Cette unité de la pensée et de l'œuvre européenne est écrite sur le sol même du pays que nous habitons ; la nomenclature géographique de ce pays renferme beaucoup de noms, des noms de rivières et aussi des noms de localités ou de villes, qui datent de l'époque même où il a reçu ses premiers habitants. Une pareille unité donne à l'histoire de l'Europe une marque particulière de grandeur et fait mieux comprendre le rôle ou la mission de cette terre privilégiée.

CHAPITRE PREMIER

La première page de l'histoire de l'Atlas se trouve dans Salluste. C'est le tableau historique des peuples de ce pays que l'écrivain latin a mis en tête de son livre sur Jugurtha [1]. Ce document semble d'une importance médiocre si l'on n'en regarde que l'étendue et si l'on n'examine pas de près les indications qu'il contient. Cependant on reconnaît bientôt qu'il a une très grande valeur, quand on remarque qu'il a été emprunté à des savants indigènes et rédigé par un historien vivant en Afrique et y occupant une position officielle qui mettait à sa disposition les renseignements les plus riches et les plus sûrs. Salluste a trouvé les éléments de ce tableau dans des livres qui avaient appartenu, disait-on, au roi Hiempsal et qui étaient écrits en punique.

Il n'a pas donné d'autres indications sur ces livres; il s'est borné à dire que les traditions qu'il rapportait étaient en désaccord avec celles que les savants avaient admises jusque-là. Mais on voit, par le caractère même de ce résumé, que le livres en question devaient présenter une histoire des Numides et que les auteurs devaient appartenir à cette nation, car ils mettaient particulièrement en relief les victoires de la Numidie, en rappelant la gloire qu'elle avait acquise dans ses

1. C. XVIII.

guerres avec les Libyens. On pourrait même, à cette occasion, se demander si les Numides n'employaient pas le punique comme langue savante pour la rédaction de leurs livres et de leurs pièces officielles.

Quoi qu'il en soit à cet égard, il est certain que les traditions rapportées par Salluste ont été recueillies par des savants indigènes connaissant les langues du pays et ayant vécu au milieu des populations dont ils parlaient. En conséquence, on est sûr qu'ils ne se sont pas trompés sur ces populations elles-mêmes. Quand même ils auraient commis des erreurs sur les événements historiques du passé, on ne peut récuser leur témoignage quand ils parlent des habitants de l'Atlas au milieu desquels ils vivaient. Or cette question ethnologique est capitale pour l'histoire de ce pays. On la comprendra mieux si l'on a sous les yeux le texte de Salluste ; on en trouvera ici la traduction complète. Le traducteur a suivi fidèlement le texte, mais il a rapproché les uns des autres, en les groupant, tous les passages qui se rapportent aux mêmes faits.

« Dans le commencement, dit Salluste, l'Afrique fut habitée par les Gétules et les Libyens. — Les Libyens vivaient sur les bords de la mer africaine ; les Gétules étaient plus loin sous un soleil plus chaud, non loin de la zone torride. — C'était des barbares incultes qui se nourrissaient de la chair des bêtes sauvages et qui mangeaient les produits du sol comme les animaux. Ils ne connaissaient pas le frein des mœurs et n'avaient ni lois ni chefs. Ils erraient au hasard sans avoir de demeures fixes, et leur gîte était là où la nuit venait les surprendre. »

Pour comprendre l'importance de ces premières indications, il suffit d'examiner de près les populations dont elles parlent. L'Afrique, dont il est question ici, n'est pas le continent africain, mais bien la région qui fut dominée plus tard par les Carthaginois. Il s'agit donc du pays de l'Atlas. Ce pays fut occupé primitivement par les Libyens qui étaient au nord, sur les bords de la mer, et dans la montagne tout entière. Les Gétules, qui vivaient au midi, avaient d'abord habité vers la zone torride, c'est-à-dire dans le Sahara.

Plus tard, à la suite d'une conquête que rappellera Salluste, ils pénétrèrent à leur tour dans l'Atlas en refoulant les Libyens. Or ces deux populations n'étaient pas moins différentes par la race que par le domaine qu'elles occupaient.

Les Libyens appartenaient à une race dont le type et le rôle ont été nettement déterminés par les monuments de l'Égypte. Tant que l'on a fait de leur nom le synonyme d'africain, l'indication de Salluste n'avait aucune signification. Mais on sait aujourd'hui que les Libyens sont les Lebou ou Rebou que les inscriptions et les peintures de la vallée du Nil ont décrits et représentés. On en possède de véritables portraits entièrement authentiques. C'étaient des hommes au teint rosé, aux yeux bleus, aux cheveux blonds, que les Égyptiens appelaient les Tahennou ou hommes blancs d'Afrique et des Tamehou ou hommes blonds du nord. Ils sont nettement distingués des Sémites dans ces descriptions, et ils sont évidemment de type européen. Tout cela fait comprendre pourquoi les Libyens s'établirent sur les côtes africaines et dans les montagnes voisines du littoral ; ils étaient arrivés par l'Europe et par le détroit [1].

Les Gétules, au contraire, y vinrent par le Sahara, comme l'indique Salluste. Rien que ce fait suffirait pour montrer qu'ils appartenaient à une autre race. Mais on peut compléter l'indication de l'historien latin par d'autres renseignements. Josèphe, l'écrivain juif, fait des Gétules les descendants d'Evilus (ou Hévila), fils de Chus, le chef des Éthiopiens, et dit qu'ils s'appelèrent d'abord Eviléens [2]. Cette tradition nous fait

---

1. M. le général Faidherbe a été le premier à reconnaître la double parenté des habitants primitifs de l'Atlas avec les premières populations de l'Europe et avec les Tamehou ; il restait à trouver leur place dans l'histoire et leur rôle.

2. *Antiquitates judaicæ* 1, 6, § 2.

voir directement comment les Gétules sont arrivés dans
l'Afrique occidentale en partant des bords de la mer Rouge
et en passant par l'Éthiopie. Cependant elle a besoin d'être
complétée à son tour.

Ptolémée nous montre qu'il y avait deux sortes de Gétules,
les Gétules proprement dits et les Mélano-Gétules ou Gétules
noirs, c'est-à-dire Éthiopiens [1]. Or, la Genèse, à laquelle Josèphe a emprunté ses renseignements, nous apprend qu'il
y eut deux Hévila, dont les descendants habitèrent également
sur les bords de la mer Rouge [2].

L'un deux était fils de Jectan et appartenait à la famille
sémitique dont le domaine se trouvait dans l'Arabie méridionale ; l'autre était de la race de Cham et appartenait à la
branche des Chamites qui alla s'établir dans l'Éthiopie
propre. Ces deux familles pénétrèrent en même temps dans
l'Afrique centrale ; car les Arabes ont passé sur la rive occidentale de la mer Rouge dès la plus haute antiquité. Ce sont
ces deux groupes d'Héviléens qui ont été les ancêtres des deux
groupes de Gétules.

Si l'on passe de ces documents anciens à ceux que nous
fournit la science moderne, on voit que la langue berbère présente des caractères complexes qui la rattachent en même
temps aux langues sémitiques et aux langues chamites [3], à
ces dernières surtout ; elle est de la même famille que le
copte et les langues non sémitiques de l'Abyssinie. Ces faits
montrent que les Berbères appartiennent à une race mixte et
qu'ils se rattachent tout à la fois à la famille de Cham et à celle
de Sem. Les révélations de la science moderne coïncident donc
avec celles que les documents anciens nous ont faites ; elles
confirment les indications de Moïse, de Josèphe et de Ptolé-

1. Ptolémée, IV, 6, édition Wilberg, p. 296.
2. Genèse, c. X.
3. Renan, *Histoire Générale et système comparé des langues sémitiques*, p. 201,
202.

mée. Alors on retrouve l'histoire des Berbères depuis leur origine ; on peut les suivre dans leur marche à travers l'Afrique depuis les bords de la mer Rouge, et on les voit prendre successivement les noms de Héviles, Gétules, Numides et Berbères. Ce dernier nom leur a été donné à une époque relativement récente par les Arabes. Il vient soit du mot *barbare* que les Égyptiens employaient pour désigner les peuples qui parlaient une autre langue qu'eux [1], soit d'un mot arabe qui signifie bredouiller, prononcer des mots inintelligibles [2].

Cette tradition qui nous montre deux races rivales dans l'Atlas primitif, et qui est si clairement indiquée par Salluste, devient plus manifeste quand on examine les héritiers actuels de cette double population.

Aujourd'hui encore, le pays a deux races distinctes, sans compter les Arabes. Il y a d'abord les Berbères qui y sont largement représentés. Ensuite on y rencontre des hommes aux cheveux blonds et aux yeux bleus, dont le nombre est beaucoup plus limité. Ces derniers ne forment que de petits groupes établis dans les massifs les plus inaccessibles comme ceux de l'Aourès. Cependant il est probable que l'on en découvrira encore d'autres plus nombreux dans l'Atlas occidental.

En outre, on verra que certaines populations, rangées parmi les Berbères, renferment des représentants de la race blanche européenne qui leur a transmis quelques débris de sa langue et de ses traditions.

La question devient surtout intéressante quand on examine les anciens monuments de l'Atlas. Une des deux races que les historiens numides signalaient comme ayant occupé primitivement cette contrée, devait nécessairement comprendre les hommes des dolmens. Ces hommes avaient été trop nombreux et ils avaient vécu trop longtemps dans le pays pour que

1. Hérodote, II, 158.
2. Mercier, *Histoire de l'établissement des Arabes dans l'Afrique septentrionale,* p. 364.

l'on pût les oublier. Ils avaient occupé une place particulièrement grande dans l'Atlas oriental, autour de la Numidie,
dans l'Afrique propre, dans le pays de Sitifi (province de
Constantine), dans celui de Iol (Cæsarea ou Cherchel, province d'Alger). A l'époque où les historiens consultés par
Salluste écrivaient leurs livres, au deuxième siècle avant notre
ère pour le plus tard, cette population existait encore. C'est
dans l'Atlas qu'elle s'est maintenue le plus longtemps. Les
hommes des dolmens y ont vécu jusqu'à une date assez récente pour apprendre à écrire et pour graver des inscriptions
sur leurs monuments. Ils ont même continué à élever leurs
constructions jusqu'à l'époque romaine, puisque l'on a trouvé
dans l'une de ces tombes une monnaie à l'effigie de l'impé-
ratrice Faustine [1].

Or il n'est pas nécessaire de chercher longuement pour savoir si les hommes des dolmens appartiennent à la race des
Libyens ou à celle des Gétules. Leurs monuments nous montrent qu'ils sont arrivés de l'Europe, qu'ils ont occcupé l'Atlas
presque tout entier, s'ils n'ont pas été les maîtres de toute cette
contrée, et qu'ils ont fini par disparaître devant l'invasion d'un
peuple puissant. Ils appartiennent donc à cette race européenne des Libyens qui s'établit d'abord dans l'Atlas, et qui a
été vaincue par les Berbères Gétules arrivés de l'intérieur.

Cette conclusion ressort directement des deux récits, qui
racontent l'histoire primitive de l'Afrique septentrionale, celui de Salluste et celui qui a été écrit sur le sol par les hommes
des dolmens. Les deux récits sont tellement d'accord, que
cette conclusion présente une certitude absolue.

En conséquence, on peut affirmer que les hommes qui ont
élevé les monuments mégalithiques en Europe et en Afrique,
ont été connus des Numides ; que leur histoire était écrite dans
les livres du roi Hiempsal ; qu'ils se nommaient Libyens ;
qu'ils sont identiques aux Lebou ; que leurs portraits et le

____
1. Tchihatchef, p. 148.

récit de leurs exploits sont gravés sur les monuments égyptiens et qu'ils ont pris part à une des plus grandes guerres dont les traditions humaines aient gardé le souvenir. Ainsi l'abîme que séparait les temps historiques des âges primitifs, commence à se combler, et la science supprimera bientôt la période des temps préhistoriques.

Les Numides racontaient que la population primitive de l'Atlas, aussi bien les Gétules que les Libyens, était une race misérable vivant sans loi. Il ne faut pas trop prendre à la lettre les descriptions de ce genre que l'on trouve dans les auteurs anciens. Sans doute il y eut beaucoup de misérables dans les premiers âges de l'humanité ; il y en a toujours. Mais on trouve sur ce sujet deux sortes de traditions, comme deux théories différentes, chez les écrivains de l'antiquité grecque et latine. Les uns représentaient les premiers hommes comme des malheureux, les autres en faisaient des êtres privilégiés. Les deux traditions ont été appliquées aux habitants primitifs de l'Atlas.

Tandis que les écrivains numides faisaient de ces peuples une descriprion si triste, les traditions conservées par Platon et Diodore les rangeaient parmi les races les plus favorisées qui avaient été riches et prospères depuis leur origine. Les livres d'Hiempsal ajoutaient que les premières connaissances leur furent apportées par une invasion nouvelle qu'il faut connaître maintenant.

« Mais, continue Salluste, lorsque Hercule fut mort en Espagne, c'est l'opinion des Afri, son armée qui était composée d'hommes de races diverses, resta sans chef, se partagea entre de nombreux compétiteurs, et finit par se disperser. Une partie de ces hommes, les Mèdes, les Arméniens et les Perses, passèrent en Afrique sur des vaisseaux et s'emparèrent des terres voisinse de notre mer. Les Mèdes et les Arméniens s'allièrent aux Libyens qui étaient plus rapprochés de la mer d'Afrique. Ils ne tardèrent pas à bâtir des villes, car ils n'étaient séparés de l'Espagne que par le détroit et ils se mirent en rela-

tion avec leurs compatriotes restés dans ce pays (*mutare res
inter se instituerunt*). Leur nom se corrompit peu à peu dans
la bouche des Libyens et ces barbares les appelèrent des Maures au lieu de Mèdes.

» Les Perses s'avancèrent un peu plus du côté de l'Océan.
Ils se fient des cabanes en renversant la carcasse de leurs
navires ; car le pays n'avait pas de matériaux et ils ne pouvaient
en obtenir des Espagnols ni par achat ni par échange : l'im-
mensité de la mer et l'ignorance de la langue rendaient ce
commerce impossible. Peu à peu ils s'allièrent par des maria-
ges avec les Gétules. Comme ils avaient longtemps cherché
des terres et qu'ils avaient souvent changé de demeures, ils
se donnèrent à eux-mêmes le nom de Numides. D'ailleurs les
paysans numides ont encore des habitations nommées *Mapa-
lia*, qui ressemblent par leur forme allongée et leurs cloisons
cintrées à des carènes de vaisseaux.

» Cependant la puissance des Perses se développa bientôt.
L'accroissement de la population décida des colonies numides
à s'éloigner de leurs demeures primitives et à s'emparer des
terres voisines de Carthage, celles que l'on nomme Numidie.
Ensuite les deux branches de la nation réussirent, soit par
leurs victoires, soit par la terreur qu'elles répandirent, à soumettre les populations environnantes : elles couvrirent leur
nom de gloire, particulièrement celle qui s'était avancée
vers notre mer, parce que les Libyens sont moins cou-
rageux que les Gétules. A la fin. la partie basse de l'Afrique
fut occupée presque tout entière par les Numides : les vaincus acceptèrent le nom des conquérants et firent partie de
leur nation. »

Les faits rapportés dans ces passages remplirent une longue
période qui s'écoula depuis l'établissement des Libyens dans
l'Atlas jusqu'à l'arrivée des Phéniciens.

Il est même facile de distinguer deux époques dans cette
période, celle où les Libyens développèrent leur puissance,

car ils furent les premiers à fonder des villes, et celle où les Gétules arrivèrent jusqu'au littoral à la suite d'une guerre longue et sanglante.

C'est seulement après cela, « dans la suite, comme le dit le texte, que les Phéniciens arrivèrent » et fondèrent des villes sur la côte.

Il en résulta de nouveaux changements que Salluste résume ainsi :

A côté de la terre carthaginoise, « tout le reste du pays est occupé par les Numides jusqu'à la Mauritanie. Les Maures sont tout près de l'Espagne.

» Au delà des Numides, à ce que l'on rapporte, il y a les Gétules, dont les uns habitent dans des huttes, tandis que les autres sont plus barbares et vivent en nomades. Derrière les Gétules sont les Éthiopiens. Plus loin se trouvent les terres brûlées par le soleil. »

Pour faire une étude complète de ce récit, il faut l'examiner à un double point de vue, sous le rapport de la géographie et au point de vue de l'histoire.

Une première indication géographique donnée par ce tableau, est celle qui nous signale la parenté des Numides de l'Atlas avec les Gétules du désert. D'après les historiens royaux, ces peuples issus de la même race s'étaient divisés en deux branches. Une partie des Gétules étaient restés dans le désert et continuaient à y vivre en nomades. Les autres étaient venus s'établir dans l'Atlas et y étaient devenus agriculteurs et sédentaires. Ils devaient cette transformation à une invasion d'étrangers qu'ils nommaient des Perses et qui leur avaient appris à bâtir des villes. Il semble même, en lisant ce récit, que les rois numides étaient tout fiers de cette alliance qui les rapprochait d'une population illustre.

Quoi qu'il en soit de cette prétention, il est certain que le fait énoncé sur la parenté des Numides et des Gétules est entièrement exact. La science moderne a établi que les Berbères de l'Atlas et les Touareg du désert appartiennent à la même race, malgré la profonde différence qui semble les séparer. Il est curieux de constater que ce fait avait été reconnu par les savants de la Numidie et qu'il a été signalé par Salluste.

Une seconde indication de la même nature est celle qui nous apprend que la masse principale de la nation libyenne fut refoulée du côté de l'ouest, et qu'elle finit par s'établir sur les terres qui sont *tout près* de l'Espagne *proxume Hispaniam*, comme dit Salluste, c'est-à-dire au sud des Colonnes d'Hercule, dans la Mauritanie occidentale que les Romains nommèrent Tingitane du nom de la ville de Tingis. Elle avait été réduite à cette extrémité après de longs siècles de guerre.

D'abord les Libyens avaient eu un développement brillant, lorsque les compagnons d'Hercule, ceux que les traditions africaines appelaient des Arméniens et des Mèdes, étaient venus leur apporter de nouveaux éléments de civilisation. Mais, plus tard, ils avaient été attaqués par les Numides unis aux Perses. Ils avaient fini par avoir le dessous dans la lutte qu'ils soutinrent contre ces Chamites aussi cruels que guerriers, comme le reconnaissaient les historiens du roi Hiempsal. Ils subirent la domination des vainqueurs sur un grand nombre de points ; ailleurs ils se réfugièrent dans les montagnes ; enfin la plus grande partie se replia dans l'ouest.

A cette époque ils ne s'appelaient plus des Libyens, mais des Maures. Ce nom venait de celui des Mèdes prononcé à la barbare, disaient les historiens numides. Quoique cette étymologie soit difficile à comprendre, il ne faut pas se hâter de croire qu'elle était sans aucun fondement.

Pour préciser la situation nouvelle qui fut le résultat de cette lutte, il faut connaître la position relative des Numides et des Maures à la fin de la guerre : les noms de Numidie et de Mauritanie ont une signification géographique mal déterminée qui n'indique pas exactement cette situation. A l'époque romaine, on connaissait trois Mauritanies : celle de l'ouest qui avait pour chef-lieu Tingis et qui s'étendait des Colonnes d'Hercule à l'Atlas méridional en suivant les côtes de l'Océan ; la Mauritanie centrale qui avait pour chef-lieu Césarée, et la Mauritanie orientale dont la capitale était Sitifi. Mais ces trois régions n'appartenaient pas aux Maures descendants des Libyens.

Ces derniers, comme le dit très clairement Salluste, ne possédaient plus que les pays qui sont tout voisins de l'Espagne. Cela veut dire que les Maures n'avaient conservé leur nationalité et leur langue que dans la Mauritanie occidentale. Ils avaient laissé leur nom dans les deux autres Mauritanies ; ils y formaient même des groupes nombreux à l'intérieur des montagnes ; mais les Numides dominaient dans ces provinces dont ils avaient enlevé les plaines et les plateaux.

Dans ces conditions nouvelles, la race berbère occupait une grande partie de l'Atlas. Elle possédait toute la Numidie et les meilleures terres des deux Mauritanies orientales. Les Maures libyens n'étaient restés indépendants que dans les régions de l'ouest qui sont comprises entre les Colonnes d'Hercule, l'Océan et l'Atlas. Or il se rencontre précisément que la nomenclature géographique de ces contrées occidentales présente un caractère tout particulier : dans les premiers siècles de notre ère, comme on le verra plus loin au chapitre IV de cette étude, tous les fleuves de cette terre portaient des noms que l'on retrouve dans la géographie de l'Europe. C'est une nouvelle preuve établissant la vérité du récit de Salluste.

Lorsque cet historien présente tant d'exactitude au point de vue de la géographie et de l'ethnographie africaine, il n'est pas possible qu'il soit moins exact sous le rapport des événements qu'il raconte. Mais la discussion historique de son récit est beaucoup plus délicate que celle qui s'applique à la géographie. Son résumé est tellement resserré, qu'il a

confondu un grand nombre de faits qui sont entièrement distincts, et qui appartiennent à des époques toutes différentes.
On s'en aperçoit tout de suite en remarquant ce qu'il dit de
l'invasion des Mèdes et de celle des Perses. Ces deux peuples
ne sont pas arrivés en même temps ni sous le même chef.
Les premiers étaient venus par l'Europe, et c'est pour cela
qu'il comprenaient la langue que l'on parlait en Espagne. Le
texte semble même indiquer qu'ils étaient apparentés aux
peuples établis dans ce pays avec lesquels ils se mirent tout
de suite en relation. Pour les seconds, il déclare formellement
qu'ils n'avaient aucun rappport avec la population de l'Espagne
dont la langue leur était inconnue ; *mare magnum et ignara lin-
gua commercia prohibebant*. Cela veut dire que les Perses étaient
étrangers aux peuples de l'Europe, qu'ils n'étaient pas arrivés
par les routes qui traversent ce continent et qu'ils sont entrés
dans l'Atlas à une autre époque que les Mèdes. La suite des
faits confirme cette première indication.

En réalité, le récit de Salluste comprend une très longue
période renfermant un bon nombre de siècles et une série
d'événements multiples : l'arrivée des Arméniens et des Mèdes,
le développement de l'empire libyen par suite des ressources
que les nouveaux venus lui apportèrent ; l'invasion des Perses
qui fournit aux Gétules le moyen de pénétrer dans l'Atlas ; la
lutte des Numides contre les Maures ou des Berbères contre
les Européens, enfin la défaite de ces derniers qui durent
abandonner aux Chamites une grande partie de leur domaine.
En un mot, il raconte toute l'histoire des Atlantes et l'on doit
connaître toute cette histoire pour en avoir le commentaire
complet. En conséquence, il faut renvoyer toutes les discussions
de détail dans les chapitres suivants, et se contenter ici des
indications générales qui concernent ces événements.

Les Arméniens et les Mèdes furent amenés vers l'Atlas par
le courant qui emportait les hommes d'Orient en Occident
vers les terres inoccupées, et qui renouvela ses flots bien des

fois. La route qu'ils suivirent les menait tout droit à l'entrée
de l'Afrique. C'est la grande voie qui part de l'Euxin, qui
remonte le Danube jusqu'à sa source, et qui pénètre dans le
bassin de la Saône par les trouées des villes Forestières et de
Béfort, pour employer des expressions modernes. Plus loin
elle suit le Rhône et elle arrive directement sur les grands
passages qui s'ouvrent à travers les Pyrénées orientales, pour
se prolonger jusqu'au détroit.

Pour étudier ces invasions, il faudrait reprendre l'histoire
de l'Europe primitive et discuter surtout les événements qui
se rattachent au souvenir d'Hercule. Une pareille discussion
ne peut trouver place ici. Il suffit de rappeler qu'il y a eu plusieurs grandes périodes dont les événements sont attribués
à des Héraclès. Le plus ancien des héros de ce nom vivait à
l'époque où les hommes prenaient possession des terres inha-
bitées, et où ils avaient à lutter contre les forces de la nature et
contre les bêtes fauves. Un autre Héraclès est ce Melkarth qui
partit des côtes phéniciennes et qui n'arriva pas dans la Méditerranée centrale avant le XIVe siècle. Le dernier est le héros
hellénique qui vivait à l'époque de Priam.

Après que l'on a distingué les principaux personnages qui
ont porté le nom de Héraclès, il faut distinguer également les
grandes expéditions de ces héros qui marquent des périodes
historiques différentes. Pour la région de l'Atlas, ces expéditions forment trois séries. Il y eut d'abord les invasions qui
furent attirées sur cette terre privilégiée par la renommée de
ses richesses. Héraclès dirigea deux de ces campagnes. Dans
l'une il traversa l'Europe et entra en Afrique par le détroit
auquel il a laissé son nom [1]. Dans l'autre il partit de la Crète,
c'est-à-dire des pays pélasgiques et entra dans l'Atlas par la
Petite Syrte [2].

A la suite de ces expéditions qui se dirigèrent de l'Orient en

---

1. Phérécyde, *Fragmenta historic. græc.* Didot, v. 1. p. 78, fr. 33.
2. Diodore, IV, 17, § 3.

Occident, il y en eut d'autres qui partirent de l'Atlas pour se porter du côté du nord et de l'est. Celles-ci sont nombreuses.

Elles rappellent les conquêtes des Atlantes ou des Libyens. Héraclès en conduisit une qui parcourut toute l'Europe occidentale. Il partit de la montagne africaine, traversa l'Espagne, la Gaule, l'Italie et arriva jusqu'en Grèce[1]. D'après une autre tradition il se dirigea sur l'Orient, non par l'Italie, mais par le centre de l'Europe, c'est-à-dire par la vallée du Danube qui le ramena en Scythie[2]. Il suivit donc, en sens inverse, la route qui avait conduit les premiers envahisseurs du côté de l'Atlas. Dans ces expéditions il personnifiait les conquêtes des Atlantes ou des Libyens, et aussi leurs expéditions commerciales.

Plus tard son nom reparaît une dernière fois dans une campagne qui alla ruiner l'empire de l'Atlas[3]. Mais cet Héraclès de la dernière période, qui extermina la nation pour laquelle le héros précédent avait combattu, n'a rien de commun avec celui des anciens âges. Celui-là arriva de la Phénicie, c'est Melkarth. Il vint, non pour continuer l'œuvre de Héraclès l'européen, mais pour la détruire. Il fut particulièrement funeste à l'Atlas.

Après cette détermination générale, dont la discussion ne peut trouver place dans cette étude, parce qu'elle demanderait un long volume, on voit à quelle série d'expéditions se rapportent les invasions rappelées par Salluste.

Celle qui amena en Afrique les Mèdes et les Arméniens et qui eut pour résultat le développement de la puissance libyenne, fut conduite par le premier Héraclès. L'autre, au contraire, qui amena le triomphe des Berbères et prépara l'établissement des Phéniciens, fut dirigée par un ami de Melkarth. Elles ont été connues l'une et l'autre par les traditions de la

1. Diodore, IV, 18, § 2.
2. Hérodote, IV, 82 et 8.
3. Diodore, III, 55, § 3. Voir le dernier chapitre de ce volume sur les *Atlantes.*

Grèce qui nous permettront d'en retrouver l'histoire et d'en constater les résultats.

Le voyage d'Héraclès à travers l'Europe jusqu'à l'Atlas est un des plus anciens événements dont notre continent ait été le théâtre. C'est à cause de cela que la tradition en avait conservé un souvenir plus confus. Cependant elle savait que le héros avait passé par le Caucase où il avait reçu les conseils de Prométhée[1]. Ils s'en allait du côté de l'Hespérie, dont les richesses minérales, les pommes d'or de la légende, commençaient à devenir célèbres. Le fils de Japet lui conseilla de ne pas attaquer son frère de l'Atlas, mais de s'entendre avec lui pour faire cette conquête. Au point de vue purement géographique, ces souvenirs qui relient le Caucase à l'Atlas, qui rapprochent les Mèdes des Libyens, présentent une marque frappante de vérité ; le champ sur lequel s'est accomplie cette invasion correspond exactement au domaine de la race européenne.

L'arrivée des envahisseurs en Afrique est bien plus connue que leur voyage. Elle est identique à l'invasion des Amazones libyennes, dont Diodore a raconté l'histoire d'après un auteur beaucoup plus ancien[2]. Les nouveaux venus s'entendirent avec les premiers habitants du pays, les Atlantes, et les aidèrent à combattre les nomades, comme les Arméniens et les Mèdes ont soutenu la population des Libyens. Ils donnèrent à l'empire de l'Atlas une prospérité inconnue jusque-là et firent pour lui de grandes conquêtes. Ils possédaient une puissante cavalerie et ils avaient l'habitude d'enterrer leurs morts sous des tumulus ; ces deux usages étaient comme la marque ethnographique de leur race. En outre leurs femmes les accompagnaient sur le champ de bataille, et, au besoin, prenaient part à la lutte. A cause de cela, la légende prétendait que ces héroïnes s'arrogeaient le droit exclusif de porter les armes et

1. Phérécyde, passage cité.
2. Diodore, III, 53, § 3.

l'interdisaient à leurs maris. Cela explique pourquoi ce peuple a été appelé la nation des Amazones.

Si Diodore ne donne pas le nom véritable de ces envahisseurs de la seconde époque, on peut s'assurer cependant que les nouveaux venus s'appelaient des Libyens comme les habitants primitif de l'Atlas. On en trouve la preuve dans Hérodote. En effet, cet historien attribue aux Libyens établis sur les pentes méridionales de la montagne africaine, les usages même que Diodore a assignés aux Amazones. D'après lui, c'étaient d'habiles cavaliers qui avaient enseigné aux Grecs l'art d'atteler les quadriges et qui menaient leurs femmes à la guerre en les chargeant de conduire les chariots[1]. Ces peuples qui avaient exactement le même domaine et les mêmes usages que les Amazones sont identiques, évidemment, à la nation à laquelle on a donné ce nom. En conséquence, il faut admettre que les envahisseurs arrivés dans l'Atlas à la seconde époque, ceux qui élevaient des tumulus, ont été appelés des Libyens comme les hommes des dolmens.

Leur richesse en chevaux et leur habitude de se servir de chariots, soit à la guerre soit dans leurs migrations, sont des traits qui ont été signalés par tous les historiens qui en ont parlé. Après Hérodote et avant Diodore, Platon a raconté que les Atlantes possédaient de nombreux chars de guerre[2]. De leur côté, les inscriptions et les sculptures de l'Égypte rappellent incessamment que les Lebou menaient avec eux des chariots de transport et des chars de combat.

C'est avec la force que leur donnait cette cavalerie et avec la supériorité que leur assurait l'exploitation des mines, un fait qui sera examiné plus loin, que les Atlantes finirent par dominer les peuples de l'Occident.

Cette détermination, qui donne à la race libyenne une physionomie plus vivante, permettra de retrouver ses traces à tra-

1. Hérodote, IV, 187 et 193.
2. Critias, p. 259, ligne 38.

vers l'histoire et d'interroger la tombe de ses morts. Dès aujourd'hui même, elle permet de reconnaître la parenté des hommes qui ont élevé les tumulus de l'Afrique, avec ceux qui ont hérissé de tertres funéraires le sol de l'Europe. En effet, on a constaté qu'un bon nombre de ces tombes européennes ont été élevées par une population de cavaliers, dont les morts ont été ensevelis avec leurs chars de guerre [1].

D'après les faits qui précèdent, en rapprochant les traditions numides et les traditions grecques, il reste établi que l'Atlas a vu arriver successivement deux sortes de populations qui se sont groupées pour ne former qu'un seul peuple et que ces envahisseurs des deux époques ont été également appelés des Libyens. Pour compléter ces recherches, il faudrait examiner maintenant l'origine de ce nom et dire auquel des deux groupes il a appartenu en propre. Cette nouvelle question sera discutée plus loin, au chapitre IV, dans lequel on verra que le nom des Libyens s'est conservé beaucoup plus longtemps en Europe qu'en Afrique.

Les livres du roi Hiempsal racontaient que les Libyens de l'Atlas changèrent de nom à l'arrivée des nouveaux immigrants amenés par Hercule et s'appelèrent désormais des Maures. C'est encore là un fait qui a besoin d'être discuté. D'après quelques savants le nom de maure viendrait du mot sémitique *maghreb* qui signifie le couchant, et il aurait été donné aux populations de l'ouest par les Berbères numides qui habitaient à l'est [2]. L'explication est ingénieuse et paraît probable. Cependant il faudra examiner si ce nom n'a pas été véritablement apporté par ceux que les traditions numides appelaient des Mèdes. Il faudra voir également si ce dernier nom lui-même ne rappelait pas un fait historique. Toutes ces recherches se retrouveront plus loin ; sur cette route, où le sol n'a pas encore été déblayé, il faut avant tout parcourir le champ d'ex-

---

1. M. Perron, *Revue archéologique.* 1882, p. 137.
2. Vivien de Saint-Martin, *Le nord de l'Afrique dans l'antiquité,* p. 100.

ploration, sauf à revenir pour examiner chaque pièce en particulier.

L'invasion des Perses a été également connue de la Grèce. C'est l'expédition de Persée qui vint de l'Orient, et qui alla dans les régions libyennes baignées par l'Océan, pour combattre Méduse, la reine des Gorgones, comme les Perses attaquèrent les Mèdes de la Mauritanie [1]. Ces traditions nous permettent d'affirmer que les alliés des Gétules n'étaient pas de race japhétique et qu'ils n'arrivaient pas de l'Europe. Ils venaient de l'Orient, ils étaient même d'origine chamite comme Persée, descendant de l'égyptien ou phénicien Danaos, et c'est à cause de cela qu'ils s'allièrent avec les Berbères. D'après les Numides, ils débarquèrent dans une contrée où ils ne trouvèrent pas de matériaux pour bâtir des maisons. C'est là qu'ils rencontrèrent les Gétules. Cette terre où l'on ne pouvait bâtir des maisons, c'est-à-dire qui n'avait ni arbres ni pierres, n'était pas dans l'Atlas, mais bien dans le désert. Elle était même entourée de solitudes, car les deux peuples errèrent longtemps avant de trouver un domaine où ils pussent se fixer. Évidemment cela signifie qu'ils eurent de la peine à pénétrer dans la contrée boisée et fertile dont les Libyens étaient les seuls maîtres.

L'attaque se fit surtout par l'est. C'est par là que les Berbères finirent par franchir la frontière du pays fortuné qui excitait leur convoitise, et c'est à cause de cela qu'ils allèrent s'établir dans la vallée du Bagradas, et dans les régions voisines de Carthage, le pays qui s'appela désormais la Numidie. En conséquence, il faut admettre que les Berbères sont entrés dans l'Atlas par le bassin du Triton et la vallée de l'Igharghar. Les prétendus Perses les avaient rejoints par le littoral des Syrtes, et non par les colonnes d'Hercule. Ils arrivèrent au moment où les Atlantes ne pouvaient plus défendre leur pays, c'est-à-dire vers l'époque où l'empire libyen fut détruit, et ils

1. Diodore, III, 55, § 3. Hésiode, Théogonie, V. 223.

vinrent leur porter les derniers coups. Ils entraînèrent contre eux les populations du désert auxquelles ils fournirent des armes.

Alors commença cette lutte qui couvrit les Numides de gloire comme le disaient les historiens officiels et qui livra l'Atlas aux populations chamitiques [1].

Les envahisseurs, incessamment renforcés par de nouveaux colons qui arrivaient de l'Orient, firent aux Libyens une guerre sans merci. Ils les épouvantèrent par leur cruauté plus que par leur courage, quoiqu'ils se vantassent d'être plus braves qu'eux. Cependant la résistance fut longue et énergique, et une grande partie de la nation libyenne échappa à la domination des vainqueurs.

Aujourd'hui même, il en reste des débris pour témoigner de cette résistance.

Le résultat de la lutte est clairement résumé par cette phrase de Salluste : « A la fin la partie basse de l'Afrique fut occupée presque entière par les Numides ; les vaincus acceptèrent le nom des conquérants et firent partie de leur nation ». Les vainqueurs prirent pour eux près des deux tiers de l'Atlas, toutes les régions de l'est, particulièrement les plaines et les plateaux ouverts. Ils imposèrent leur langue dans ces contrées. Cependant ils subirent, de leur côté, l'influence des vaincus et leur firent de nombreux emprunts. C'est en grande partie à cette influence que les Berbères doivent ces qualités européennes qui mettent entre eux et les Arabes une démarcation si profonde.

Après avoir suivi ces faits dans le récit de l'historien latin, on pourrait répéter ce qu'il disait lui-même des traditions numides : « Cela est en contradiction avec les idées reçues par le plus grand nombre (*ab ea fama que plerosque obtinet diversum est*). » Jusqu'ici les Berbères ont passé pour les habi-

---

1. C'est le nom que M. Renan donne aux populations semblables à celles des Berbères, qui sont Sémites-Chamites.

tants primitifs de l'Atlas, et, si l'on reconnaissait, à côté deux,
certains groupes appartenant à des populations étrangères,
on leur accordait la place la plus large et la date la plus ancienne. Or il se rencontre que ces populations étrangères non
sémitiques ni chamites ont occupé les premières les régions
de l'Atlas, qu'elles y ont formé une race puissante, qu'elles
ont habité ces pays pendant de longs siècles avant l'arrivée
des Berbères, que ces derniers n'y ont dominé qu'après le
XIVe siècle avant notre ère (voir au chapitre VI pour la détermination de cette date).

Cette conclusion paraîtra peut-être étrange au premier
abord. Mais on peut s'assurer qu'elle est exacte en consultant
l'histoire de l'Egypte. Les Egyptiens qui ont visité l'Atlas au
XVIe siècle sous Toutmès III[1] n'ont jamais connu de Sémites
à l'ouest de leur pays, dans toute l'Afrique du nord. Ils distinguaient nettement les hommes de cette race qu'ils représentaient avec un profil fin, le nez arqué, la barbe en pointe
et les chairs peintes en jaune. Or ils mettaient ces populations
au nord ou à l'orient de l'Egypte et non à l'occident[2].

De ce côté, ils ne connaissaient que les Lebou au type européen. Il est donc certain que les Berbères sont arrivés fort
tard sur les côtes de la Méditerranée, vers l'époque où les Phéniciens ont commencé à s'y établir. Jusqu'à cette date le littoral a appartenu aux Libyens. Les deux noms de Libye et d'A-
frique, portés successivement par le continent africain, rappellent ces deux périodes historiques, celle des Libyens qui
venaient de l'Europe, et celle des Sémites-Chamites qui sont
arrivés de l'Asie.

Ces événements qui ont une si grande importance pour le
passé, n'en ont pas une moindre pour le présent. Aujourd'hui,
la science se met à l'œuvre pour étudier l'Atlas. Dès les premiers

---

1. Lenormant, *Histoire ancienne de l'Orient*, 9e édition, t. II, p. 203.
2. Lefébure : *Les Races connues des Egyptiens*, pp. 9 et 13. Extrait des *Annales
du Musée Guimet*, t. I.

pas elle se trouvera en face de ces souvenirs quand elle voudra interroger les populations ou les monuments de cette terre.

Il est peu de pays qui offrent des problèmes aussi complexes, parce qu'il en est peu qui aient une série de monuments aussi variés et remontant aussi loin. Cette série commence avec les monuments des âges primitifs appelés préhistoriques, qui s'y trouvent tous représentés, et elle a été continuée à travers les siècles par les races multiples qui se sont donné rendez-vous sur cette terre, en venant de l'Europe, de l'extrême Orient ou de l'intérieur de l'Afrique.

Il serait impossible de déterminer d'avance la part que chacune de ces races a apportée dans cette œuvre, et il est inutile de tenter ici un pareil classement. Il suffit de rappeler que les Libyens de race blanche européenne ont compté parmi les opérateurs. Jusqu'à présent le nom de libyen ou libyque n'a eu qu'une signification vague, et on s'en sert indifféremment pour désigner des œuvres diverses, inscriptions ou monuments, qui forment l'héritage des anciennes populations de l'Atlas, des Berbères aussi bien que des Libyens. C'est une confusion qui peut occasionner des erreurs dangereuses. Les inscriptions libyennes et les inscriptions berbères appartiennent à deux classes de langues entièrement différentes. C'est à l'Orient et aux langues des Chamites ou des Sémites qu'il faut s'adresser pour comprendre les premières. Quant aux secondes, elles n'ont aucun rapport avec ces langues ; elles soulèvent des problèmes qui n'ont pas encore été discutés et dont la solution aura la plus grande portée. Pour que l'examen de cette double série de documents s'accomplisse d'une façon fructueuse, la première condition est d'en faire le triage, le classement, et de retrouver l'histoire des peuples qui les ont laissés.

Les Berbères ont été l'objet d'un grand nombre de travaux remarquables, et, si leur histoire n'est pas encore fixée d'une manière définitive, on possède déjà sur leur compte une riche collection de matériaux.

Pour les Libyens, aucune étude spéciale un peu étendue n'a jamais essayé d'en déterminer la place historique. C'est une lacune qu'il faut combler. Les chapitres suivants feront connaître le rôle de ce peuple dans la première période de son existence, mais ils n'en raconteront pas l'histoire complète. Le travail serait trop vaste si l'on voulait suivre les Libyens depuis leur origine jusqu'à leur disparition ; rechercher leurs traces sur les routes qui les ont amenés en Afrique ; discuter leurs relations avec les peuples de l'Europe et avec ceux de l'Orient ; raconter comment ils ont associé à leurs luttes ou à leur commerce les Ibères, les Tyrrhéniens, les Pélasges, toutes les anciennes populations européennes, depuis les hommes des dolmens jusqu'aux Gaulois ; examiner en détail leurs entreprises contre l'Égypte, leurs tentatives contre l'Asie où ils trouvèrent des alliés et soulevèrent des guerres, enfin dire comment ils se replièrent vers l'intérieur de l'Afrique, après avoir abandonné l'Atlas aux Berbères, et comment ils se remirent à l'œuvre sur cette terre lointaine pour fonder de nouveaux empires dont le souvenir n'est pas sans gloire.

Ici, il s'agit seulement d'examiner, au double point de vue de la géographie et de l'histoire, l'empire libyen primitif, celui qui fut fondé dans l'Atlas et que les anciens appelèrent l'Atlantis. Tout ce qui regarde cette terre et les événements dont elle fut le théâtre, sera discuté largement, sinon d'une façon complète. Pour les entreprises des Libyens en Europe et en Orient, elles seront exposées avec moins de détails ; les unes se retrouvent dans l'histoire de l'Égypte, les autres exigeraient de longs développements si l'on voulait examiner tous les faits qui s'y rattachent. Quant aux dernières périodes de l'histoire libyenne et aux événements de cette histoire qui s'accomplirent dans l'intérieur de l'Afrique, on les trouvera plus tard dans des études qui feront suite à ce premier travail.

CHAPITRE II

L'ATLAS PRIMITIF ET L'ATLANTIS

Le principal domaine des Libyens d'Afrique ou des Atlantes, le centre de leur empire, le pays où ils avaient bâti leur capitale et d'où sont parties leurs conquêtes, n'était pas dans l'Atlas oriental, sur le rebord où Carthage s'est élevé plus tard. Il n'était pas même sur les côtes de la Méditerranée, car il était dominé par la grande montagne à laquelle le fils de Japet avait donné son nom et qui était une des plus élevées du monde connu par les anciens. Or, on ne trouve nulle part sur ces côtes des montagnes qui répondent à cette description. On peut les suivre depuis la Petite-Syrte jusqu'au détroit des colonnes d'Hercule, et l'on ne rencontrera, dans la zone maritime de cette contrée, aucun massif qui égale même ceux que les Grecs connaissaient autour d'eux, les sommets de l'Olympe ou ceux de l'Etna. Pour découvrir des montagnes plus élevées dans l'Atlas, il faut pénétrer dans l'Océan et en suivre les côtes jusqu'au cap Ghir qui termine la chaîne africaine du côté du midi, à la pointe de cette terre qui est tournée du côté des îles Canaries ; c'est là seulement, dans les massifs qui se rattachent à ce cap, que la géographie moderne montre la montagne dont les anciens ont parlé. C'est là que le peuple du roi Atlas a dû vivre, si l'existence de ce peuple n'est pas un mythe.

Pour chercher l'Atlantis sur nos cartes, le problème paraît plus difficile d'abord, si l'on s'en tient à une lecture sommaire

de la description donnée par Platon. D'après cette dercription,
le pays des Atlantes était une île plus vaste que la Libye et l'Asie
réunies, et cette terre aurait été engloutie à la suite d'un cataclysme. S'il en était ainsi, la géographie moderne n'aurait
rien à dire sur l'Atlantis.

Mais on se rassure bientôt en lisant, dans Hérodote et dans
Diodore, que les Atlantes habitaient simplement dans la Libye
au pied de l'Atlas [1]. Après cette première constatation, si l'on
reprend le texte de Platon pour le regarder de plus près, on reconnaît que cet auteur ne dit pas du tout le contraire. Enfin
en continuant ces recherches, on s'aperçoit que les difficultés
présentées par ces problèmes sur l'Atlas et l'Atlantis, s'évanouissent toutes quand on examine ces difficultés une à une.
C'est cette discussion qu'il s'agit de faire maintenant, et c'est
par l'Atlas qu'il faut commencer.

Diodore est l'auteur qui donne les renseignements les plus
détaillés sur cette montagne et sur le pays où elle s'élevait. Cet
écrivain, qui vivait quelques années avant notre ère, n'a qu'une
autorité de second ordre comme historien, parce qu'il a réuni
les documents les plus divers sans les soumettre à une critique
bien sévère. Sa *Bibliothèque historique* présente en effet une
sorte d'entassement confus. Cependant il ne faut pas se plain-
dre de ce procédé qui a permis à l'auteur de réunir de nombreux matériaux et qui laisse au lecteur le soin d'en faire lui-
même le triage. Diodore est particulièrement curieux dans la
première partie de son ouvrage, qui comprenait six livres,
dont un seul, le sixième, est perdu.

Il y raconte l'histoire des temps antérieurs à la guerre de
Troie, ceux que l'on appelle aujourd'hui les temps préhistoriques. Il était d'ailleurs dans des conditions particulièrement
favorables pour écrire une histoire universelle du bassin de la
Méditerranée : il était originaire de la Sicile, cette terre qui
touche à l'Europe et à l'Afrique et qui est au centre de la mer

____
1. Hérodote, IV, 184 — Diodore, III, 53, § 4 — III, 54, 1.

Intérieure ; il vivait à l'époque où l'empire romain réunissait tout le bassin de cette mer sous son autorité ; enfin il avait fait de nombreux voyages. A cause de cela il a pu recueillir une multitude de renseignements que les écrivains classiques de la Grèce et de Rome n'ont pas connus. Pour l'Atlas et ses habitants, il a emprunté une grande partie de ses matériaux à un écrivain antérieur nommé Dionysios, qui avait composé une histoire des Argonautes et qui devait être un homme intelligent, si l'on en juge par les indications qu'il a laissées [1].

Le passage de l'historien où il est question de l'Atlas, décrit en même temps trois terres qui étaient toutes sur le bord de l'Océan, et qu'il faut examiner successivement, si l'on veut résoudre le problème qui nous intéresse. C'est le bassin d'un lac nommé Tritonis, le pays des Atlantes et l'île d'Hespérie [2]. « Le lac, dit-il, est rapproché de l'Océan qui enveloppe la terre ; il avait emprunté son nom à un fleuve dont il recevait les eaux [3]. — On raconte que ce lac Tritonis fut détruit à la suite d'un tremblement de terre qui brisa le rebord du bassin du côté de l'Océan [4]. — Ce lac était voisin de l'Ethiopie et d'une montagne qui se dresse vers l'Océan, dominant de sa hauteur celles qui l'entourent et se relevant escarpée du côté du rivage ; c'est celle que les Grecs nomment Atlas. L'île a été appelée Hespérie à cause de sa position du côté du couchant. On dit qu'elle est vaste et remplie d'arbres fruitiers de toute sorte qui servent à nourrir ceux qui l'habitent. Elle a, de plus, de nombreux troupeaux, des chèvres et des brebis qui fournissent du lait et de la chair à leurs propriétaires. Mais la race qui y vit n'use pas de pain (σῖτος), car l'usage de cette nourriture n'a jamais été importée chez elle. » On y trouvait des villes, entre autres celle de Mena, « qui passe pour sacrée et qui appartenait

1. Diodore, III, 52, § 3.
2. Dans ces citations le traducteur rapproche les différents passages qui se rapportent aux mêmes faits.
3. III, 53, § 4 et suivants.
4. III, 55, § 4.

à des Éthiopiens ichthyophages ; cette ville avait de grandes exhalaisons de feu, et elle possédait quantité de pierres précieuses, de celles que les Grecs appellent des anthraces (ou sanguines), des sardoines et des émeraudes.— La légende raconte que les Amazones s'établirent dans cette île, » (après en avoir fait la conquête). — « Elles bâtirent au dedans du Tritonis une grande ville qu'elles nommèrent Chersonèse à cause de la position que cette place occupait. »

En examinant d'abord cette description en elle-même pour en reconnaître le sens textuel, on voit que le lac Tritonis de Dionysios était placé entre l'Éthiopie ou la terre des noirs et la montagne de l'Atlas. La première de ces contrées était forcément au sud du lac, ce qui veut dire que la montagne se dressait au nord : il n'y a aucun moyen d'entendre le texte autrement. En outre, la montagne s'avançait sur l'Atlantique et présentait des hauteurs considérables à peu de distance du rivage. En conséquence, il faut chercher d'abord si l'on trouve un point vers l'Océan, où l'Atlas arrive jusqu'à la côte, où cette chaîne présente de grands escarpements et où ses pentes méridionales s'abaissent sur un ancien bassin lacustre rempli d'alluvions récentes. Après cela, on cherchera l'île d'Hespérie.

Les données de ce problème géographique sont tellement précises, qu'il n'est pas nécessaire de chercher longuement pour en trouver la solution. On n'a qu'à prendre la carte moderne et à examiner la région voisine du cap Ghir, pour voir si elle répond à la description de Diodore. On y trouve bientôt la grande montagne. La chaîne qui commence avec le cap, ne tarde pas à s'élever à des hauteurs considérables à peu de distance du rivage. Elle atteint 2980 mètres sur la route de Maroc à Tarrudent et, non loin de là, elle présente des sommets qui arrivent à 3000-4000 mètres [1]. D'un autre côté, si l'on regarde

1. Carte géologique de l'Afrique occidentale, par le Dr Lenz ; Mittheilungen de Gotha, n° 1, 1882, et conférences du même voyageur.

au sud de cette montagne, on voit le sol se creuser comme un
vaste bassin. C'est une cuvette remplie d'alluvions, qui est séparée de l'Océan par un seuil crayeux, et dans le fond de laquelle l'oued Sous a tracé son lit. Pour ce bassin, comme pour
la montagne qui le domine du côté du nord, la carte reproduit
tous les traits de la description. La coïncidence des deux documents est tellement complète, et les régions qu'ils décrivent
ont une physionomie tellement extraordinaire, qu'il n'y a aucune chance d'erreur possible.

En conséquence, il faut admettre que l'Atlas connu par les
anciens est la grande chaîne qui s'élève sur les bords de l'Océan,
au sud de la Mauritanie, et dont l'extrémité est tournée vers
les îles Canaries. Il faut admettre encore que ce pays a été décrit, non d'après de vagues indications, mais d'après des relations précises rapportées par des voyageurs qui l'avaient exploré avec attention. Enfin, on doit reconnaître que cette
contrée avait été visitée à différentes reprises, d'abord à l'époque
où le Tritonis existait, ensuite lorsque ce lac eut été détruit.
Ces conséquences sont des plus rigoureuses. Elles paraissent
encore plus frappantes si l'on examine en détail les trois parties
de cette région, en commençant par le lac.

Ce lac portait un nom qui a été fameux dans l'antiquité :
il y avait tout un groupe de divinités tritonides dont la plus
connue était Athènê, et on comptait trois fleuves Triton qui
avaient un certain rôle dans les vieilles traditions pélasgiques.
Le premier était celui qui alimentait le Tritonis occidental
situé dans le voisinage de l'Océan et vers le pied du grand
Atlas. Le second Triton apportait ses eaux au Tritonis oriental qui débouchait dans la Petite-Syrte [1]. Le troisième coulait dans la Crète, vers le pied du mont Ida, et c'était sur ses
bords que Jupiter avait passé son enfance [2]. Cette répétition
du même nom sur la ligne qui court de l'Océan à la Crète,

1. Hérodote, IV, 83.
2. Diodore, V, 70, § 4.

par le sud de l'Atlas, montre tout de suite qu'il y avait eu des communications entre le pays des Atlantes et les terres de la Méditerranée centrale : les peuples de ces divers pays qui donnaient les mêmes noms à leurs rivières, devaient avoir des relations entre eux ou même une certaine parenté.

Les deux Triton africains avaient une importance particulièr e à cause de la région où ils coulaient et des souvenirs qui s'y rattachaient. Ils occupaient une position symétrique aux extrémités de l'Atlas, sur le rebord méridional de cette chaîne. Le premier avait été illustre à l'époque des Atlantes. C'était sur le lac alimenté par ses eaux que se trouvait la métropole de ce peuple, la capitale de l'empire libyen. Le second, celui auquel la science moderne s'intéresse, a été visité plus souvent : on en retrouve l'histoire presque complète dans les auteurs. Un vieille tradition recueillie par Hérodote racontait qu'il se rattachait autrefois à la Petite-Syrte par une large embouchure, si bien que le navire de Jason y fut porté un jour par la tempête. Le lac formé par le cours inférieur de cette rivière se creusait dans un bassin fertile. On y voyait une île nommée Phla.

Au deuxième siècle de notre ère, à l'époque de Ptolémée, ce lac était séparé depuis longtemps de la Méditerranée ; mais, d'après le géographe alexandrin, il communiquait encore avec la Petite-Syrte par un canal que l'on nommait le fleuve Triton et qui avait un cours de 20', soit environ 37 kilomètres [1]. Ce bassin a été ruiné par une double révolution. Il a d'abord subi des transformations géologiques ; le soulèvement qui a détruit le Tritonis occidental a barré l'entrée du lac oriental, et il est probable que le même travail a étendu son action à l'Atlas tout entier. Cependant la cause de ruine la plus puissante a dû être la destruction des vastes forêts qui couvraient cette montagne : c'est à la suite de cette dévastation que les fleuves y ont tari. Entre ces fleuves le Triton oriental était le plus cou-

1. L. IV, 3. pp. 263-264.

sidérable. Il était formé de deux branches, une qui venait du
midi, l'oued Igharghar actuel, et une autre qui descendait de
l'ouest en suivant le rebord de l'Atlas, c'est l'oued El-Djedi de
nos cartes. La première portait le nom de Bagradas (méridional) à l'époque de Ptolémée ; elle sortait des monts Ousar-
gara, le Ahaggar de la géographie moderne [1]. Ce nom de Bagradas donné aux deux rivières orientales de ces régions, a
été apporté par les Gétules-Berbères et indique la route que
ce peuple a suivie.

Ce qu'il y a de plus intéressant dans la description des Triton
africains, telle qu'elle est donnée par les auteurs grecs, c'est
de constater que les anciens avaient une connaissance exacte
des pays situés au sud de l'Atlas. D'après eux ces pays étaient
traversés par une longue dépression qui se creusait vers le
pied de la montagne, et se prolongeait en ligne presque continue de la Méditerranée centrale à l'Océan. Cette dépression
était partagée en deux versants tournés, l'un du côté de l'est,
l'autre du côté du couchant, et arrosés l'un et l'autre par une
rivière. Elle formait une démarcation profonde entre le désert
et les terres hautes du nord. Celles-ci constituaient une région
à part, comme une sorte d'île, nettement séparée des autres
terres de l'Afrique.

Ces données sont tellement justes que la géographie actuelle
n'a rien à y changer : le pays est tel que les anciens l'ont décrit,
sauf que les rivières n'ont plus d'eau et que les riches terres y
ont disparu. Il devient donc de plus en plus évident que les
régions de l'Atlas méridional ont été visitées par des voyageurs
étrangers, dès la plus haute antiquité. En fait, on verra qu'il y
avait une route de commerce et de guerre qui reliait la Petite-
Syrte à l'Océan, et qui fut pratiquée pendant plusieurs siècles :
on trouvera même les noms de plusieurs voyageurs qui l'ont
suivie. C'était une des routes les plus fréquentées du bassin
de la Méditerranée : on peut encore ajouter qu'elle sera rétablie

1. Livre IV, c. 6, p. 233.

quelque jour et qu'elle deviendra une grande voie du commerce européen.

La portion de ce pays qui avait le plus frappé les explorateurs, était la grande chaîne de l'ouest qui s'élevait dans le voisinage de l'Océan. C'était là que se dressait le massif particulier auquel ils donnaient le nom d'Atlas. Pour tous les auteurs anciens, pour les écrivains latins aussi bien que pour les Grecs, ce nom n'a jamais désigné l'ensemble des montagnes qui se ramifient dans l'Afrique du nord-ouest. Ce sont les géographes arabes qui les premiers ont employé ce nom dans le sens large qu'il a aujourd'hui. Pour les Grecs l'Atlas était un massif à part ou même un grand sommet qui se dressait du côté de la mer Extérieure et qui s'élevait à une hauteur considérable. «C'est, dit Hérodote, un massif ramassé et arrondi de tous côtés ; on rapporte qu'il est tellement haut que l'on ne peut en apercevoir le sommet, car il est toujours enveloppé de nuages, hiver et été ; les indigènes prétendent que c'est un pilier du ciel[1]. » Cette description montre comment s'est formé le mythe d'Atlas chargé de porter le ciel.

Le mythe est très ancien ; il était déjà connu d'Hésiode qui nous dit : « à l'extrémité de la terre, en avant des Hespérides à la voix harmonieuse, Atlas, contraint par une nécessité cruelle, soutient le ciel de sa tête infatigable »[2]. Mais le mythe s'appuie sur une vérité géographique ; la montagne n'a pas été inventée pour représenter une idée cosmologique comme le prétendait Letronne, mais les poètes grecs ont inventé la légende parce que la montagne existait. On a vu que la description de cette montagne telle qu'elle a été donnée par Diodore, est entièrement exacte. Quant à celle d'Hérodote, quoiqu'elle exagère certains traits pour que la montagne ressemble à un pilier, elle est encore assez correcte dans l'ensemble. Il y a dans l'Atlas occidental des sommets qui doivent

1. IV, 84.
2. Théogonie, V. 517.

s'élever à des hauteurs considérables et se couvrir de nuées comme l'Atlas primitif : ces nuées devaient être particulièrement épaisses, quand la montagne avait encore son manteau de forêts.

Une autre description plus curieuse encore de la montagne africaine, est celle que l'on trouve dans Virgile et que le chantre d'Énée avait certainement empruntée aux anciennes traditions de la Grèce [1]. « Mercure, dit-il, découvrit bientôt les sommets et les flancs escarpés du solide d'Atlas ; il aperçut cet Atlas qui porte le ciel sur son front ; sa tête qui se dressait enveloppée de forêts de pins, toujours couronnée de nuées sombres, toujours battue par le vent et la tempête ; ses épaules tachées de neige ; son menton ruisselant de fleuves écumeux ; sa barbe hérissée de glaçons. » L'Atlas du sud-ouest n'a pas conservé tous ses bois ni tous ses fleuves, mais il a encore des neiges et des torrents écumeux : encore aujourd'hui les vers du poète peuvent s'appliquer à plusieurs des sommets qui le dominent.

Après avoir retrouvé sur la carte moderne les deux Triton et l'Atlas primitif, et après avoir vu que la montagne et ses fleuves ont été décrits avec exactitude, on peut chercher avec plus de confiance l'île d'Hespérie, et même on la trouve tout de suite, si l'on examine les faits dont cette terre fut le théâtre. Diodore raconte que la nation libyenne des Amazones s'empara de cette île, et s'y établit, après quoi elle fonda, à l'intérieur du Tritonis, une grande ville qu'elle appela Chersonèse à cause de la position que cette cité occupait. Tout cela prouve que Hespérie était simplement le pays qui se trouvait au sud du lac, en face de l'Atlas. Cette contrée s'appelait une île, parce qu'il fallait traverser le Tritonis pour s'y rendre en venant de l'Espagne, c'est-à-dire en prenant la route que suivit Hercule quand il alla faire une expédition au jardin des Hespérides. D'ailleurs les anciens, non plus que les modernes,

1. Enéide, IV, 247.

n'ont pas toujours pris le nom d'île dans le sens étroit que la géographie classique y attache ; ils appelaient île de Méroé la terre qui est entre les deux Nil, et l'ont sait ce que signifie le nom d'île de France.

L'Hespérie, riche en fruits de toute sorte, comprenait d'abord cette terre qui s'étend au sud du Sous, jusqu'au Draa, et dont la fertilité devait être très considérable lorsque ces fleuves étaient remplis d'eau. On y rattachait également les régions de l'ouest sans en déterminer les limites du côté du sud. Elle a été fameuse surtout à cause de ses mines aurifères, ses pommes d'or, dont la réputation se répandit dans tout le bassin de la Méditerranée, et qui attirèrent l'Hercule européen du côté de l'Atlas. Le héros en avait entendu parler dans le Caucase auprès de Prométhée, et dans la vallée de l'Éridan [1]. Il alla demander de ces fruits merveilleux à Atlas, et c'est pendant que le roi des Atlantes faisait un voyage pour se les procurer, qu'il se chargea de porter le ciel à sa place. Cette Hespérie qui donnait de l'or, ne peut être placée ailleurs que dans la Libye occidentale, quoiqu'elle portât un nom qui a été donné à beaucoup de terres du couchant, comme l'Espagne, et même une portion de la Cyrénaïque, où les Grecs finirent par transporter le jardin des Hespérides.

Le récit de Phérécyde qui raconte l'expédition d'Hercule, ne permet aucune autre interprétation : il fait comprendre aussi que les Atlantes étaient les fournisseurs de ce métal précieux dans les pays de l'Occident.

Cette indication, qui est d'une importance capitale, devient encore plus claire quand on rapproche de ce récit celui de Platon et ceux des inscriptions égyptiennes. Le premier représente les Atlantes comme les heureux possesseurs d'un grand nombre de mines, d'où ils tiraient l'or, l'argent et le bronze [1]. Les monuments égyptiens nous montrent les envahisseurs en-

1. Phérécyde, *Fragments des histo ⸗ns grecs,* tome I, p. 78, frag. 33.
2. Critias, p. 256, l. 15 et p. 257, ligne 36.

voyés en Orient par l'empire de l'Atlas comme très riches en métaux : ils apportaient avec eux des armes de bronze en quantités considérables, ainsi que des monnaies d'or et d'argent. C'est cette richesse qui fit la réputation des Atlantes et qui attira dans leur pays tant de visites et d'invasions. Héraclès allait y chercher, non des pommes ni des oranges, mais des pépites d'or. Sans doute le climat et les productions de ces terres méridionales exerçaient une attraction puissante sur les hommes du nord, mais elles durent surtout leur célébrité à leurs richesses minérales..

L'or s'y trouvait sur plusieurs points. Il était particulièrement exploité dans les dépôts aurifères du haut Sénégal. Ce fait sera largement prouvé dans une étude qui viendra plus tard. Pour le moment, il suffit de rappeler un témoignage qui le met hors de doute. Aristote raconte dans ses Météorologiques qu'il y avait sur les côtes occidentales de l'Afrique un mont Arguros, d'où sortaient deux fleuves coulant dans deux directions opposées, le Chrémétès qui descendait à l'Océan et le grand Nil qui se dirigeait vers l'orient [1]. Or il ne peut y avoir aucun doute sur l'identité du Chrémétès et du Sénégal. Le périple de Hannon qui appelle ce fleuve Chrétès, dit que c'était le premier grand cours d'eau que l'on rencontrait au-delà du désert, qu'il était navigable, qu'il renfermait de grandes îles et que l'on y rencontrait un lac [2]. Il suffit de regarder la carte pour s'assurer que tous ces détails ne peuvent s'appliquer qu'au Sénégal. Quant au grand Nil qui descendait du revers oriental de l'Arguros, c'est le Niger : aujourd'hui encore, dans l'intérieur de l'Afrique, le nom de Nil est une dénomination générale que l'on emploie pour désigner un grand fleuve [3]. Il est donc constaté que les montagnes métalliques du haut

1. Livre 1, C. 13.

2 *Geographi Græci minores*, t. I, édition Didot, p. 5.

3. *Rohlfs : Neue Beitræge zur Entdeckung Africa's*, p. 138. L'auteur croit que ce son les Arabes qui ont donné au nom de Nil cette signification ; cet usage doit être beaucoup plus ancien.

Sénégal portèrent d'abord un nom qui en indiquait la richesse minérale et qui était d'origine européenne.

Ce nom d'Arguros, dont le radical se retrouve dans plusieurs langues de l'Europe, signifiait primitivement *brillant* [1] et désignait, non seulement l'argent, mais encore d'autres métaux comme l'étain. Il fut évidemment apporté à la montagne africaine par les populations de l'Atlas occidental qui donnaient à leurs fleuves des noms européens. Cela est d'autant plus manifeste qu'une autre montagne située en Espagne dans une terre qui dépendit de l'empire des Atlantes, porta également le nom d'Arguros [2]. C'est le massif métallique qui s'étend entre le littoral de Carthagène et les sources du Bœtis (Guadalquivir.) Un autre souvenir présentant le même caractère est celui du roi Chrysaor, le roi de l'or, qui régnait en Espagne au temps où Héraclès fit ses conquêtes au profit des Atlantes [3]. Tous ces noms, tous ces souvenirs, rappellent que les terres du couchant, du Sénégal à l'Espagne, et même jusqu'à la Grande-Bretagne, furent célèbres à cause de leurs richesses métalliques, et qu'elles appartinrent, dès les âges les plus reculés, à des populations européennes. L'Hespérie méridionale elle-même, qui était au sud du Tritonis et qui dut s'étendre, dans le principe, jusqu'à l'Arguros, appartint d'abord à Atlas et à son frère Hespéros [4]. Plus tard elle fut envahie par des Éthiopiens, contre lesquels la nation des Amazones entreprit une guerre. Si l'on résume toutes les conclusions de ces recherches, on voit que les contrées de l'Atlas, la grande chaîne qui se dresse dans le voisinage de l'Océan, les deux Triton et l'Hespérie, ont été correctement décrites par les anciens; que ces pays ont été visités dès les temps les plus reculés par des conquérants ou des voyageurs venus de l'Eu-

---

1. D'Arbois de Jubainville : *Les premiers habitants de l'Europe*, pp. 243-245.
2. Strabon, III, c. 2, § 11.
3. Diodore, IV, 17, § 2.
4. Diodore, IV, 27, § 1.

rope et du bassin de la Méditerranée ; qu'ils étaient connus à
cause de leurs richesses métalliques, et qu'ils ont appartenu
d'abord à une population européenne. La description du
pays des Atlantes par Platon confirme et complète ces conclusions.

Le philosophe a parlé de l'Atlantis dans deux de ses dialogues, dans Timée et dans le Critias. Ce récit venait de l'Égypte.
Un jour les prêtres de Saïs l'avaient raconté à Solon qui en fit
un poème, et c'est à ce poème que Platon l'a emprunté [1]. Dans
le Timée, il en donne un résumé très court mais complet.
Dans le Critias il le reproduisait tout entier. Malheureusement
ce second ouvrage a été mutilé par le temps. Il a de longs détails sur l'origine des Atlantes, l'organisation de leur empire, la
richesse de leur pays, et la splendeur de leur capitale ; mais
la narration s'arrête avant d'arriver aux conquêtes et à la ruine
de ce peuple. Cette seconde partie était de beaucoup la plus
intéressante parce qu'elle rappelait des événements historiques
aussi remarquables que ceux de la guerre de Troie [2]. L'œuvre
de Solon était tout à la fois une épopée et un poème philoso-
phique. Le législateur poète y racontait l'histoire d'un peuple
qui avait été des plus fortunés tant qu'il avait respecté la jus-
tice et la constitution qui lui avait été donnée par Poséidôn, le
père d'Atlas d'après les Égyptiens. Plus tard ce peuple fut
ruiné lorsque la prospérité lui eut fait oublier ces lois.

A côté de ces enseignements qui séduisirent Platon plus
qu'ils ne profitèrent aux Athéniens, le poète racontait des
événements qui avaient eu le bassin de la Méditerranée occidentale pour théâtre, puisque les Atlantes envoyèrent leurs armées
à travers l'Espagne, la Gaule et l'Italie, jusque vers la Grèce,
dans de grandes guerres qu'ils entreprirent contre les peuples
de l'Orient à la tête desquels se trouvaient les Égyptiens.

1. P. 199, l. 45, etc.

2. Après avoir lu l'histoire des *Atlantes*, on reconnaîtra que Platon a eu raison
de comparer le poème de Solon à ceux d'Hésiode et d'Homère : p. 199, l. 39.

Ainsi le poème de Solon chantait les luttes de l'Occident accomplies à l'époque pélasgique, comme l'Iliade a chanté celles de l'Orient et de la Grèce à l'époque suivante. S'il n'avait pas la même valeur poétique que l'œuvre d'Homère, il égalait celle-ci en importance historique. Aussi l'on doit considérer comme très malheureuse la perte de cet ouvrage, et la mutilation de celui de Platon. Cependant les souvenirs laissés par l'époque des Atlantes sont assez nombreux pour que l'on puisse retrouver la suite des événements racontés par Solon. Avant tout on va voir quelles magnifiques révélations géographiques son poème faisait à la Grèce : le passage où le Timée indique la position de l'Atlantis est une des plus belles pages de géographie que l'antiquité nous ait laissées.

« Jadis, disait le prêtre de Saïs à Solon, votre cité brisa une puissance orgueilleuse qui avait envahi en même temps l'Europe entière et l'Asie. Elle était sortie de la mer Atlantique, car cette mer était alors navigable. Il y avait une île en face du détroit auquel vous donnez le nom de colonnes d'Hercule. Cette île était plus grande que la Libye et l'Asie réunies. Elle avait un passage que prenaient ceux qui se rendaient aux autres îles, et, de ces dernières terres, on atteignait tout un continent qui était en face, le long de l'Océan ; car tout ce qui est en dedans du détroit dont nous parlons, ressemble à un lac ayant une ouverture étroite, et, véritablement, on pourrait bien dire que cette mer, avec la terre qui l'entoure, constitue un continent unique [1]. »

Ce passage, qui paraît obscur à la première lecture, est une magnifique description qui indique à grands traits la forme de l'univers entier, la distribution des terres en deux groupes, l'un situé à l'ouest, par delà l'Océan, l'autre à l'est, en deçà des Colonnes d'Hercule, et, entre ces terres, il marque la place et le rôle de celle que l'on appelait l'Atlantis. Cette dernière partie de la description ne peut être comprise, et l'on

---

1. P. 202, l. 3, etc.

ne peut reconnaître la terre qu'elle désigne, si l'on s'en tient à ce passage sans l'expliquer par les détails qui se trouvent dans le Critias.

Ici on apprend que l'Atlantis avait d'abord été habitée par deux enfants de la terre, Euènor et sa femme Leucippe. Plus tard, Clito, la fille de ces deux premiers Atlantes, devint l'épouse de Poséidôn, qui fut le législateur du pays et dont l'on fit un dieu. Ce chef eut dix fils, qui reçurent chacun une portion de l'île et qui prirent le titre de roi. Mais les prêtres égyptiens ne connaissaient que deux de ces parts, celle de l'aîné, qui se nommait Atlas et qui donna son nom au pays, et celle du second que l'on appelait Eumèlos [1].

Or la position de ces deux lots est déterminée avec une précision qui ne laisse aucun doute sur la place géographique de l'Atlantis même.

« Eumèlos reçut pour sa part l'extrémité de l'île qui est en face des Colonnes d'Hercule, vers la Gadirique. Ce dernier pays avait emprunté son nom à la localité de Gadeir que les Grecs nommèrent Eumèlos du nom même de ce roi. »

Quant à Atlas qui fut le roi suprême de toute l'Atlantis, il possédait la capitale. Celle-ci était bâtie sur un canal de 50 stades (9 kilomètres environ), qui la reliait à la mer, et elle s'élevait dans une riche campagne. Le texte ajoute : « Les montagnes qui entouraient cette campagne surpassaient en étendue, en élévation et en beauté toutes celles qui existent aujourd'hui. — Elles descendaient jusqu'à la mer. » Enfin un autre passage nous apppend que : « l'île entière était tournée vers l'Auster (c'est-à-dire vers le midi), tandis que la portion regardant les Ourses (les étoiles polaires), était exposée à Borée (le vent du nord)[2]. »

Ce qui ressort de ces détails, c'est que l'extrémité de l'Atlantis se dressait en face des Colonnes d'Hercule, et que cette

1. P. 255, l. 18, etc.
2 P. 258, l. 52.

terre courait du nord au sud à partir de ce point. De plus elle était peu éloignée du détroit puisque Eumèlos avait donné son nom à la région de Gadeir, ce qui veut dire qu'il possédait le sud de l'Espagne. Or, si l'on rapproche ces données d'une carte d'Afrique et si l'on essaie de tracer sur cette carte une terre courant du nord au sud à partir du détroit, on verra que cette terre tombe forcément sur le pays de l'ancienne Mauritanie Tingitane : toute autre hypothèse est impossible. En conséquence il est certain que l'Atlantis de Platon est identique à la terre des Altantes décrite par Diodore. Les deux domaines d'Eumèlos et d'Atlas, qui formaient la portion princi·pale de l'île, correspondaient exactement à la Mauritanie occidentale ; les huit autres provinces devaient comprendre le reste des terres hautes qui s'étendent entre l'Océan et les Syrtes, en sorte que le pays des Atlantes était exactement le même que celui des Libyens.

Les derniers doutes s'évanouissent quand on examine comment Platon a décrit la province du roi Atlas qui était la plus importante de toutes. Cette terre était située à l'opposé de celle d'Eumèlos, loin du détroit, dans la portion montagneuse du sud. Les montagnes qui la couronnaient descendaient jusqu'à la mer et dépassaient en beauté et en élévation toutes celles que l'on connaissait alors. Au pied de cette chaîne s'étendait une riche campagne dans laquelle les Atlantes avaient bâti leur métropole, et celle-ci était reliée à la mer par un canal navigable de cinquante stades de longueur. Tous ces détails sont entièrement semblables à ceux que Diodore a donnés sur la terre de l'Atlas. Pour la forme des montagnes, pour la situation et la richesse de la plaine, pour l'emplacement de la capitale, et aussi pour la rivière sur laquelle cette ville était bâtie il y a une ressemblance frappante entre les deux descriptions [1]. Les récits des prêtres égyptiens et ceux des Grecs sont

1. Platon ne donne pas le nom de la capitale des Atlantes ; cette ville s'appelait Cernè d'après Diodore ; voir les détails qui la concernent au chapitre V de cette étude.

entièrement d'accord, et il est certain que l'Atlantis est identique à l'Atlas. Cette identité avait déjà été admise par plusieurs
savants ; mais il restait à la démontrer.

Les autres écrivains qui se sont occupés de l'Atlantis, ont
été égarés par les passages où Platon rapporte que cette terre
était une île, qu'elle était plus vaste que l'Asie et la Libye réunies, et qu'elle s'est engloutie dans l'Océan. Ces assertions
paraissent extraordinaires en effet. Cependant elles s'expliquent elle-mêmes, sans compter qu'elles sont en contradiction avec les autres passages que l'on vient de lire et qui sont
beaucoup plus précis. Ainsi on comprend d'abord que les
régions de l'Atlas, qui sont entourées par la mer de trois côtés,
et qui étaient limitées au sud par les deux Triton, aient été
prises pour une île par ceux qui donnaient le même nom à la
terre de Méroé.

Quant à l'étendue de l'Atlantis, les Égyptiens avaient été
trompés par certains faits étrangers à la géographie. Des voyageurs partis de leur pays avaient visité cette terre à l'époque
où les Atlantes étaient leurs alliés, et les relations avaient même
été fréquentes entre la vallée du Nil et l'Atlas. Ils savaient donc
quelle était l'étendue de cette contrée. Mais, d'un autre côté,
l'Égypte avait vu, pendant plus de deux siècles, de puissantes
coalitions se former contre elle, et avoir l'Atlas pour point de
départ. Elle avait fini par croire que le pays qui lui envoyait
des flots incessants d'envahisseurs était un des plus vastes
du globe. D'ailleurs il faut se rappeler comment le récit des
Égyptiens nous est arrivé : il a d'abord été le sujet d'un
poème, ensuite il a servi de thème aux dissertations d'un
philosophe.

Après cette première recherche qui nous a montré que
l'Atlantis n'était ni une île ni un continent perdu dans l'Océan,
mais simplement la terre de l'Atlas, on peut reprendre la description du Timée et en comprendre le véritable sens. Tous les
détails qu'elle donne sont d'une grande clarté. — Avant tout

on s'explique comment « l'Atlantis avait un passage que l'on prenait pour se rendre à des îles, » et comment la même route se prolongeait au delà de ces îles, pour conduire à un vaste continent, qui était situé en face, et qui s'étendait au travers de l'Océan.

Pour comprendre cette description, il faut prendre simplement la carte moderne, en supposant que le Sous est encore rempli d'eau et navigable comme l'était l'ancien Triton de l'ouest. Alors on voit comment la terre des Atlantes, au point où s'était mise leur capitale, avait un passage pour s'embarquer sur l'Océan. On voit même que ce port était particulièrement favorable pour les voyageurs qui venaient de l'Égypte ou de la Méditerranée centrale en suivant le chemin qui reliait les deux Triton. Ensuite l'on trouve sans peine les îles que les voyageurs rencontraient après s'être embarqués à Cernè. Ce sont les Canaries qui sont situées en face de l'Atlas méridional. Ces îles ont été réellement connues des anciens habitants de cette région. On en a la preuve dans les inscriptions que l'on y a découvertes. On en trouve aussi une preuve historique dans Marcellus, auteur des Éthiopiques, qui connaissait sept îles situées dans l'Océan, près de notre continent[1]. Ce nombre de sept, qui est celui des Canaries, si l'on ne tient pas compte des îlots, rend toute erreur impossible. Il explique même pourquoi la légende racontait qu'Atlas avait sept filles, les Atlantides. Ces terres, dont la végétation est superbe et qui sont couronnées de montagnes volcaniques, devinrent pour les anciens les îles des Bienheureux ou les Fortunées. Cependant leur nom fut déplacé plus tard ainsi que celui de Canarie (Canaria), parce que les navigateurs cessèrent de les fréquenter. Les Phéniciens n'y allèrent jamais. Les îles Fortunées de Ptolémée[2] sont identiques à celles du cap Vert : on le démontrera dans une autre étude.

1. *Fragmenta historicorum græcorum*, t. IV. p. 443,
2. L. IV, 6, p. 298.

Quant à la terre où se rendaient les voyageurs au delà de ces îles, et qui formait un continent étendu en travers de l'Océan, le texte en indique si exactement la position et la forme qu'il est impossible de ne pas y reconnaître l'Amérique. Les Atlantes ont véritablement visité la terre américaine ; ils en ont même suivi les côtes sur une étendue assez considérable pour savoir que cette contrée barrait l'Océan par le travers, et ils en ont rapporté des nouvelles au vieux monde. Tout cela ressort avec évidence du récit même de Platon. Cependant ces faits deviendront encore plus clairs quand on saura que les marins de l'Atlas appartenaient à une race de navigateurs audacieux qui s'est distinguée par de grands exploits maritimes, et quand l'on examinera de près la route qu'il sont suivie à travers l'Océan.

La seconde partie du tableau n'est pas moins exacte ni moins belle. Les savants égyptiens regardaient la mer située en dedans des Colonnes d'Hercule, comme une sorte de lac, et ils faisaient des terres qui enveloppaient cette mer intérieure, un continent unique. Pour eux l'univers était composé de deux parties seulement, le monde oriental qui entourait le bassin de la Méditerranée, et le monde occidental qui était situé par delà l'Océan, et ces deux mondes se reliaient par l'étroit passage des colonnes d'Hercule. Le tableau est d'une telle beauté que l'on se demande si Platon l'a bien compris en le reproduisant. En réalité, la traduction de cet auteur est si hésitante, que le doute semble fondé. Mais ce qui est hors de doute, c'est la valeur du tableau lui-même. Le maître qui a donné cette sublime leçon de géographie, en a tracé les lignes avec une grande sûreté. Ce maître n'était pas un Égyptien, mais un Libyen, c'est le fondateur d'une grande école établie à Cernè, le premier des professeurs de géographie. On reconnaîtra bientôt le nom de ce maître et celui du plus distingué de ses élèves. Sa leçon révèle à la pensée un horizon immense.

Cependant il faut monter encore plus haut pour admirer toute la grandeur de cet horizon. C'est encore la carte moderne qui va diriger nos regards. Que l'on se reporte vers cette magnifique montagne de l'Atlas occidental, au pied duquel les Atlantes avaient bâti leur métropole. De cet observatoire central on peut suivre deux longues voies qui courent sur le globe l'une s'en allant du côté de l'orient à travers la Libye, et l'autre partant pour le continent de l'ouest à travers l'Atlantique. La première suit la vallée de deux Triton et s'en va, sans rencontrer d'obstacles, jusqu'à la vallée du Nil ; c'est la route terrestre. La route maritime, celle du couchant, est plus merveilleuse encore. Elle est tracée sur les flots de l'Océan par la zone des vents alizés. Elle commence juste en face du golfe qui se creuse au sud de l'Atlas et qu'il faut appeler le golfe des Atlantes. Plus loin, elle se recourbe vers les îles Fortunées, pour aller, sur l'autre rive, atteindre la terre du Mexique, qui porte les monuments les plus riches et les plus mystérieux du Nouveau-Monde.

Du côté de l'orient, la longue ligne formée par ces deux routes touche aux Pyramides ; du côté du couchant, ce sont les ruines mexicaines qui en marquent la limite. Que les temples et les palais du Yucatan ne remontent pas à l'époque lointaine des Atlantes, si l'on veut, il n'en reste pas moins établi que la terre où ils se sont élevés a reçu la première les visiteurs de l'ancien monde. Il est également établi, qu'à une époque lointaine, les caravanes venues de Memphis ou de Thèbes rencontraient à Cernè des flottes arrivant des terres américaines. D'un bout à l'autre de cette longue voie, une des plus belles de l'univers, il y eut un courant d'échanges qui porta au Nouveau-Monde quelques-unes des connaissances de l'Égypte et de l'Orient.

Un jour le courant s'arrêta et la voie fut fermée pour de longs siècles. Cette ruine arriva à la suite d'une guerre terrible qui renversa l'empire des Atlantes, et d'une révolution géologique qui bouleversa leur pays. Leurs armées furent détruites par les Athéniens. C'est après cela que l'Atlantis s'engouffra

dans l'Océan si l'on prend à la lettre le récit de Platon. « A la
fin, disait le prêtre de Saïs, il y eut de grands tremblements
de terre et des inondations ; en un jour et en une nuit terribles,
toute votre armée fut engloutie, à la fois dans la terre, et, en
même temps, l'île Atlantis disparaissait dans les eaux. Depuis ce jour, et actuellement encore, la mer qui s'est formée
à la place de l'île engloutie, est inaccessible et infranchissable
à cause de la vase et des bas fonds qui en barrent le passage. »
L'emplacement de l'Atlantis, comme Platon le rappelle dans
le Critias, « est devenu un champ boueux infranchissable,
dans lequel ceux qui veulent gagner l'océan Universel, τὸ πᾶν
πέλαγος, sont arrêtés par une barrière [1] ».

Cette dernière partie du récit, qui établit une distinction entre
la mer Atlantique et l'océan qui a pris ce nom plus tard, nous
avertit qu'il ne faut pas prendre à la lettre la description du
cataclysme immense qui aurait étendu ses effets de l'Atlas aux
terres de la Grèce. Le bouleversement eut des proportions plus
modestes. La mer Atlantique qui fut changée en un champ
boueux à la suite de cette révolution n'est pas l'Océan qui
sépare le vieux monde de l'Amérique. Celui-ci s'appelait la
mer Extérieure ou bien la mer Universelle comme le disaient
les prêtres de Saïs. L'Atlantique de ces savants était simplement la mer qui baignait le pied de l'Atlas primitif, celle sur
laquelle débouchait le canal Tritonis. C'est celle-ci qui devint
impraticable à la navigation. En réalité, le cataclysme se ré-
duisit au tremblement de terre dont parlait Dionysios, qui
brisa le seuil du Tritonis occidental et vida les eaux du lac en
y laissant un champ de boue. C'est pour donner à son poème
un dénouement plus tragique que Solon rattacha cette révolution à celles qui avaient bouleversé la Grèce à l'époque de Deucalion, d'autant plus que la tradition distinguait mal tous ces
événements accomplis dans un passé déjà lointain.

Cependant les secousses qui agitèrent l'Atlas eurent des

1. P. 251, l. 53

effets désastreux pour les habitants de l'Atlantis. Elles rendirent le port de Cernè impraticable et le Tritonis occidental devint un foyer d'insalubrité, si bien que ce riche bassin fut abandonné par la population qui l'occupait. D'ailleurs la dislocation dut étendre ses effets à une zone assez considérable. Le sol a pu s'affaisser comme le disaient les prêtres de Saïs. Il a pu également se relever, ce qui est plus probable. Toute cette côte, aussi bien que la région entière de l'Atlas, porte les traces d'un soulèvement qui l'a exhaussée peu à peu. Il est donc certain que l'Atlantis n'a pas sombré dans l'Océan. Les prêtres de Saïs purent dire que cette terre avait disparu, parce que l'on cessa bientôt d'en entendre parler. Mais la ruine définitive de l'empire des Atlantes fut amenée par d'autres causes et elle est antérieure à la destruction du Tritonis. Cet empire disparut lorsque les Phéniciens, les rivaux de ce peuple de marins et de marchands, vinrent se joindre aux Gétules pour l'écraser. Alors cette terre fut fermée au commerce étranger : elle fut engloutie non dans l'Océan, mais dans la barbarie. Cependant la ruine de l'Atlantis et de son empire ne s'accomplit pas en un jour : pendant longtemps encore, après que les colons de la Phénicie se furent établis sur le littoral du nord, les populations de ce pays restèrent en relation avec l'Égypte et avec la Méditerranée orientale par la route de l'intérieur qu'il faut examiner maintenant.

CHAPITRE III

LES ROUTES AFRICAINES QUI CONDUISAIENT A L'ATLANTIS

La terre de l'Atlantis, qui tait le centr e d'un grand empire
et d'un riche commerce, avait des relations avec toutes les
contrées qui entourent la Méditerranée. Les Atlantes, comme
Platon nous l'apprend, avaient étendu leur influence sur l'A-
frique du nord jusqu'à l'Égypte, et sur l'Europe méridionale
jusqu'à la Grèce. En outre, comme on le verra plus tard, ils
avaient pour alliés commerciaux ou politiques plusieurs peuples de l'Asie Mineure et de la Syrie. C'était surtout par mer
qu'ils communiquaient avec toutes ces contrées. Cependant
il y avait aussi plusieurs routes de terre qui partaient de leur
capitale pour suivre les deux bords de la Méditerranée. Une
de ces routes parcourait l'Europe occidentale en traversant
l'Espagne, la Gaule et l'Italie Il y en avait deux autres en Afrique, celle du Triton qui reliait Cernè avec la Méditerranée
centrale et les pays de la Grèce, et une seconde qui courait
par les oasis du désert septentrional pour aller jusqu'à l'É-
gypte.

C'est dans le chapitre suivant que l'on étudiera la route européenne. Dans celui-ci il s'agit seulement de suivre les deux
voies africaines.

On connaît déjà celle des Triton, cependant il reste à examiner le caractère de cette ligne et les populations qu'elle rencontrait. Pour la route des oasis, elle demandera une étude plus complexe. Ces deux chemins ont été décrits par Hérodote qui avait recuelli des renseignements très riches sur l'Afrique septentrionale, lorsqu'il visita ce pays, vers le milieu du Ve siècle. A cette époque les colons venus de la Phénicie étaient depuis longtemps établis sur le littoral de l'Atlas, et l'empire des Atlantes avait cessé d'exister.

Toutefois on se souvenait encore de ce peuple illustre, et le sud de la chaîne africaine appartenait toujours aux Libyens. Ce pays était même fréquenté par les marchands de Cyrène et par ceux qui venaient de la vallée du Nil.

La description de l'historien grec, qui se trouve dans le IVe livre de son ouvrage, est une étude des plus intéressantes. Au point de vue géographique et au point de vue chronologique, elle continue celles de Platon et de Diodore. Elle décrit les contrées comprises entre l'Atlas occidental et la vallée du Nil, et elle prend ces pays à l'époque qui suivit la chute des Atlantes. Elle est composée de trois parties distinctes, qui diffèrent non seulement parce qu'elles ne se rapportent pas aux mêmes contrées, mais aussi parce qu'elles n'ont ni la même origine ni la même date. Dans la première, qui va du chapitre 168 au 180e, l'historien énumère les peuples qui vivaient dans la zone maritime, entre le Nil inférieur et le Triton oriental. Dans la seconde, qui renferme cinq chapitres (181-185), il décrit la route des oasis qui allait de l'Égypte supérieure au pays des Atlantes. Enfin dans la troisième, qui compte onze chapitres (186-196), on trouve la description des contrées situées à l'ouest du Triton oriental jusqu'à une île nommée Cyraunis dont la place était sur les bords de l'Océan.

Si l'on compare la première de ces descriptions avec la seconde, on reconnaît sans peine qu'elles n'ont pas la même origine, car elles diffèrent sur certains points communs. Ainsi, l'une représente les Garamantes commeune population barbare, tandis que l'autre dépeint ces mêmes Garamantes comme des hommes intelligents : la première parlait des races inférieures soumises à l'empire garamantique et la seconde de l'aristocratie de cette nation. A son tour cette seconde partie semble en désaccord avec la troisième parce qu'elle cite les Atlantes comme vivant toujours dans la montagne dont ils portaient le nom, tandis que la troisième énumère les populations de cette montagne sans les nommer. Hérodote a réuni ces renseignements divers sans essayer de les mettre d'accord et encore moins de les fondre : il laisse ce soin au lecteur. On se rappelle de plus qu'il n'a pas parlé de l'Atlas septentrional et on connaît la cause de ce silence.

Au point de vue ethnographique il partageait les peuples de la Libye en quatre races, sans parler des Égyptiens ; il y avait deux races étrangères, les Phéniciens et les Grecs, et deux races indigènes, les Éthiopiens et les Libyens. On ne s'est jamais demandé quelle sorte de population désignait ce dernier nom, et si les Libyens d'Hérodote qui vivaient au V° siècle, sont identiques aux Libyens que les Égyptiens avaient connus au XIV°. On comprend cependant que cette question est capitale. Pour y répondre, il suffit de rappeler que les peuples de la Grèce avaient connu les habitants primitifs de l'Atlas, les vrais Libyens. En conséquence, il est impossible qu'ils aient donné plus tard le nom de ce peuple à une population appartenant à une autre race.

On doit donc admettre que les Libyens, d'origine européenne, tenaient encore une grande place dans l'Afrique septentrionale au V° siècle. Sans doute ils n'étaient pas les seuls habitants de ce pays, comme le prouve la présence des castes inférieures de l'empire des Garamantes ; mais ils tenaient toujours le premier rang dans les contrées avec lesquelles les Cyrénéens avaient des relations. Les Berbères, qui avaient conquis une partie de l'Atlas, les Gétules nomades de l'intérieur, et les populations de couleur qui commençaient à arriver sur certains points de la zone maritime, ne comptaient pas pour les Grecs d'Afrique, qui n'avaient aucune relation avec les pays occupés par les Chamites. Pour eux les Libyens étaient toujours les maîtres de la Libye : cette population n'a disparu que plus tard. Hérodote la divisait en deux groupes, les Libyens nomades qui vivaient à l'est du Tritonis oriental, et les Libyens agriculteurs qui étaient établis à l'ouest de ce lac dans le sud de l'Atlas. Mais cette distinction n'était pas absolue, puisque les Garamantes, qui faisaient partie du premier groupe, étaient d'habiles agriculteurs, sachant transformer le sol aride de leur domaine en champs de culture.

Si l'on passe de ces observations générales à l'étude détaillée de la description d'Hérodote, il faut se rappeler que ces recherches sont limitées au pays de l'Atlas, à celui des Atlantes en particulier. Pour toutes les contrées étrangères à ces pays, elles doivent s'en tenir à des indications générales : sans cela cette étude n'aurait plus de limites. Il faut reconnaître avant tout la route qui allait de l'Égypte à l'Atlas. En effet la partie de la description qui se rapporte à cette route est d'une origine plus ancienne que les deux autres, puisque c'est la seule qui parle des Atlantes.

Ce grand chemin partait de Thèbes, allait passer par les oasis des Ammoniens, des Augiles, des Garamantes, des Atarantes et par une cinquième oasis dont le nom avait été oublié. Ensuite il touchait au pays des Atlantes et se prolongeait, à travers les solitudes, jusqu'à des terres inconnues. Chacune des stations de cette route était séparée des autres par une distance de dix journées de marche, et chacune d'elles aussi avait une source avec des dépôts salins, une colline de sel, comme on l'avait rapporté à Hérodote.

En suivant cet itinéraire sur une carte moderne, on trouve sans peine les deux oasis des Ammoniens et des Augiles : la première est Siouah, la seconde s'appelle encore aujourd'hui Augila. — Mais on reconnaît aussi que la route de Thèbes à

Ammon, qui devait passer par la Grande et par la Petite oasis,
était certainement partagée par une station intermédiaire
tombant peut-être à l'oasis actuelle de Fafafrch, car une distance de dix journées de marche ne dépassait pas une longueur moyenne de 5°, tandis qu'il y en a dix environ de Thèbes
à Ammon. Tout cela prouve que le chemin de l'Atlas n'était
plus fréquenté à l'époque d'Hérodote. En revanche, quand on
arrive aux terres suivantes, qui sont telles qu'elles ont été décrites par l'historien, et où l'on trouve tout à la fois des sources et des dépôts de sel, on peut s'assurer que cette route avait
été véritablement parcourue par les caravanes égyptiennes.

Au delà de l'oasis des Augiles, la route se tournait dans la
direction du nord-ouest, puisqu'elle allait rejoindre l'Atlas.
En conséquence la troisième station, qui se trouvait dans un
pays appartenant aux Garamantes, devait être au nord du Fez-
zan, vers l'oasis de Sebha [1], où l'on rencontre des terres im-
prégnées de sel et la ville de Semnou d'origine déjà ancienne :
on peut également placer cette station à Djerma, la Gelanos
des anciens. La suivante tombait dans l'oasis de Cydamos ou
Ghadamès. On rencontrait de ce côté la tribu des Atarantes,
une population qui ne pouvait s'habituer à la chaleur et qui
s'en vengeait en disant des injures au soleil. Ce fait, ainsi que
le nom même de ce peuple, prouve que les Atarantes appartenaient à la nation des Atlantes, et qu'ils avaient été expulsés
de leurs montagnes à la suite d'une guerre dans laquelle ils
avaient eu le dessous. Une autre preuve établissant directement que les Libyens de l'Atlas se sont avancés du côté de
Ghadamès, c'est que l'on rencontre des monuments mégalithiques entre cette ville et celle de Rhat [2]. Les populations
blanches arrivées de l'Europe et établies d'abord dans les riches contrées de l'Afrique septentrionale, ont été refoulées plus

1. 10' environ au N de Mourzouk. Voir la carte du docteur Nachtigal dans son
livre : *Sohara et Soudan*.

2. *Barth Reisen in Nord und central Africa*. V. I, p. 257.

tard dans le Sahara, et ont même pénétré jusqu'au Soudan où l'on peut suivre leurs traces.

La cinquième station était nécessairement dans le bassin du Rirh, dans la vallée inférieure de l'Igharghar. Si cette station était véritablement la dernière de l'itinéraire égyptien, l'Atlas décrit par Hérodote correspondrait au mont Aourès, et il faudrait admettre que les Atlantes de cette époque avaient déjà abandonné leur ancien domaine, et s'étaient repliés jusqu'à ce massif, ce qui n'a rien d'improbable. Cependant il y a tout lieu de croire que les informations recueillies par l'historien sont incomplètes pour la dernière portion de la route, comme elles le sont pour la première partie du trajet. Le chemin des oasis devait avoir deux stations de plus du côté de l'ouest, et arriver jusqu'au littoral de l'Océan vers le bord duquel Diony-sios plaçait le domaine des Atlantes. Mais, quand on ne voudrait pas admettre cette correction, il reste toujours établi que les Égyptiens du V⁰ siècle ont connu l'Atlas et le peuple auquel cette montagne doit son nom. Il est certain également qu'ils ont signalé ce trait caractéristique de la géographie africaine, l'existence d'une ligne d'oasis et de dépôts salins courant sans interruption entre cette chaîne et la vallée du Nil. Enfin il est démontré qu'il y a eu des relations politiques ou commerciales entre ces deux régions, car ce n'est pas dans un simple voyage de découverte que l'on peut reconnaître une pareille route comme l'avaient fait les voyageurs de l'Égypte.

Ces conclusions sont d'une certitude absolue. D'ailleurs elles sont d'accord avec certains documents historiques établissant directement que les Égyptiens sont allés dans les contrées de l'Atlas. En effet on a trouvé à Cherchel, une des plus anciennes cités de l'Atlas, des monuments égyptiens datant du règne de Toutmès III (XVI⁰ siècle) ¹. C'était le moment où l'empire des Pharaons prenait sa plus grande extension sous

---

1. Lenormant, *Histoire ancienne de l'Orient*, IX⁰ édit. t. II, p. 203. — Lenormant, II, p. 21.

les puissants chefs de la XVIIIe dynastie. Cependant il n'est
pas sûr que les Égyptiens soient venus dans le pays de l'Atlas
pour combattre les Atlantes. Il y a même des motifs sérieux de
croire qu'ils ont été les alliés de l'empire libyen établi sur les
bords de l'Atlantique et que des relations commerciales s'ouvrirent entre les deux puissants États qui occupaient les deux
extrémités de l'Afrique septentrionale. On en trouve une première preuve en voyant le petit-fils de Toutmes, Amenho-
tep III, marié à une Libyenne nommée Tii. Cette femme, que les
monuments représentent avec le type des populations libyennes,
la figure rosée, les yeux bleus et les cheveux blonds, prit une
grande influence en Égypte et y fit une révolution religieuse
qui nous permettra d'apprécier l'état social des Atlantes et de
reconnaître l'accord des documents égyptiens avec ceux de la
Grèce [1]. Mais ces faits se comprendront mieux quand nous
aurons terminé nos recherches géographiques sur l'Atlas.

Hérodote, après avoir décrit la route qui conduisait jusqu'à
cette montagne, ajoute que le rebord ou le renflement sablon-
neux sur lequel étaient échelonnées les mines de sel et les
oasis, « se continuait jusqu'aux Colonnes d'Hercule et même
par delà [2]. » Ce détail paraît étrange et même il est inexplica-
ble si les Colonnes d'Hercule dont il est question ici, sont les
deux rives rocheuses qui se dressent à l'entrée de la Méditerranée. Mais il faut savoir que l'identité de ces fameuses stèles
avec les pointes de Calpé et d'Abyla est loin d'être démontrée.
Lorsque les géographes anciens ont voulu vérifier le fait et
savoir à quel point précis il fallait mettre ces stèles, ils n'ont
rien trouvé sur le détroit qui répondît à la légende [3]. En revanche on peut voir que les Atlantes représentaient leur montagne comme une véritable colonne. Alors on arrive à cette
conclusion que les colonnes d'Hercule ont pu être primitivement des sommets de l'Atlas méridional. C'est à cause de cela

1. Lenormant, II, p. 211.
2. IV, 185.
3. Strabon, L. III, c. 5, § 4.

que les Égyptiens avaient pu dire à Hérodote que la route des oasis passait au pied de ces colonnes et se prolongeait beaucoup plus loin. Elle allait jusqu'à l'Océan et se continuait même à travers le Sahara occidental dans la direction des mines d'or.

Le héros qui alla porter son nom au sud de l'Atlas est certainement celui qui suivit la route des Triton et qui venait de la Crète, une île dont la population primitive fut pélasgique [1] et alliée des Lybiens. Les souvenirs se rattachant à cette expédition rappellent des événements multiples qui remplissent une longue période, pendant laquelle les habitants de l'Atlas furent en relation avec les Pélasges et demandèrent leur concours, soit pour des entreprises pacifiques soit pour repousser les attaques de leurs ennemis. Héraclès prit part à tous ces travaux.

Il défricha la Libye, « qui était inhabitable à cause de la multitude des bêtes fauves qui l'infestaient, et la terre ainsi transformée ne le céda à aucune autre en richesse [2] » : ce dernier détail indique de quel pays il est question. Ensuite le héros combattit les Égyptiens et prit part à la construction de la métropole libyenne. La légende disait que cette ville fut appelée Hécatompylos, ce qui en indique l'importance plutôt que le nom véritable. La cité resta prospère pendant de longs siècles, mais elle finit par tomber entre les mains des Carthaginois. Ce dernier fait achève de démontrer que le chef de toutes ces entreprises n'était pas un Phénicien. C'était en même temps un Pélasge et un Libyen. A cause de cela il ne manqua pas de porter la guerre en Égypte, l'ennemie des Libyens.

Les mêmes souvenirs montrent encore comment les Grecs des anciens âges avaient connu l'Atlas et les Triton africains. Ces régions restèrent ouvertes aux Pélasges pendant tout le temps que dura l'empire libyen. Les marchands qui partaient

1. H mère, *Odyssée*, XIX, 177.
2. Diodore, IV, 17, § 4.

de la Méditerranée centrale, allèrent les visiter pour y acheter du bronze et de l'or. Ils en rapportèrent de nombreux renseignements que la tradition nous a conservés. Les habitants de la Grèce se sont même approprié ces souvenirs recueillis dans la Libye et dans l'Europe occidentale : c'est pour cela qu'ils ont attribué à leur Héraclès toutes les grandes entreprises accomplies dans ces pays, et que le héros européen est devenu un héros grec. Ils n'avaient tort qu'à moitié, puisque ces pays appartenaient à des peuples de la même race qu'eux.

C'est à cette époque lointaine que le culte d'Athènè passa de la Libye dans la Grèce. Les Libyens adoraient le soleil, la lune [1], Poséidon, que les Atlantes regardaient comme leur premier chef, les divinités de l'Océan et celles du Triton. Ils avaient donc pris leurs dieux dans les astres comme les orientaux, et dans la mer comme les Pélasges. Entre ces divinités la plus connue est Athènè, dont le berceau était vers le Tritonis oriental. C'est à cause de cela qu'elle était appelée Tritonide dès l'époque d'Homère et d'Hésiode. Elle portait d'ailleurs le vêtement de guerre des Libyennes, une tunique en peau de chèvre, teinte en rouge d'un dessin quadrillé, et frangée de lanières de cuirs. C'était l'égide dont le nom (αἴξ-αἴγος, chèvre), rappelle l'origine. Les artistes grecs transformèrent le quadrillé de ce vêtement en écailles, et les franges en serpents. Avec le culte de cette divinité, la Grèce emprunta à la Libye plusieurs autres usages entre autres celui des quadriges.

Le bassin du Tritonis oriental, qui était le centre du culte d'Athènè, était habité, à l'époque dont parle Hérodote, par trois nations, les Machlues et les Ausées établis à l'est, et les Maxues à l'ouest. Il devait être d'une grande fertilité, puisque le dieu Triton annonça aux Argonautes que leurs descendants pourraient y bâtir cent villes, s'ils parvenaient à s'emparer d'un trépied qui était dans son temple [2]. Mais les Li-

---

1. Hérodote, IV, 188. — Voir à la Conclusion de cette étude.
2. Hérodote, IV, 179.

byens veillèrent avec attention sur ce gage qui devenait pour eux une sorte de palladium. Évidemment ces Libyens qui montaient la garde à l'entrée de leur lac pour en écarter les voyageurs arrivés de la Grèce, devaient être des alliés des Phéniciens. Ils appliquaient à ce pays le principe de surveillance jalouse qui fut une loi pour Tyr et pour Carthage. Cependant leurs compatriotes de l'intérieur étaient restés fidèles à leurs anciennes traditions. Ils avaient continué, pendant de longues années encore, à recevoir les marchands venus de l'Égypte et de la Cyrénaïque.

C'est cette situation nouvelle que fait connaître la troisième partie de la description d'Hérodote. C'est le tableau des terres situées entre le Triton oriental et l'Océan, et des peuples qui les habitaient. La description est d'autant plus curieuse qu'elle laisse de côté le littoral même de la Petite Syrte et les régions situées au nord de l'Atlas pour suivre les pays de l'intérieur. L'historien lui-même, reconnaissant que le fait paraîtrait étrange, a pris soin d'avertir qu'il parlait des pays situés à l'ouest du Triton, et non au nord de cette rivière : « A partir du fleuve Triton, dit-il, et en allant vers le couchant, le pays est habité par des agriculteurs, fort montagneux et rempli de bêtes sauvages[1]. » Il revient à plusieurs reprises sur ces indications, la richesse du sol, la présence de vastes montagnes et la position de la contrée à l'ouest du fleuve africain ; mais ce qu'il affirme surtout avec netteté, c'est l'orientation de cette terre courant dans la direction du couchant : il le répète quatre ou cinq fois dans la même page. La précaution n'était pas inutile.

En suivant la direction indiquée par l'historien, on rencontrait d'abord la nation des Maxues, la plus puissante des tribus occidentales. Ces Libyens se disaient parents des Teucriens, c'est-à-dire des Pélasges de Troie, et le fait est également attesté par Diodore[2]. Ils se rasaient le côté gauche de la tête. C'était d'ailleurs par la façon de se couper les cheveux que

1. IV, 191.
2. Voir plus loin au Chapitre VI.

toutes ces tribus se distinguaient. Les Machlues les coupaient
par devant, les Auséens par derrière, les Maxues à gauche, et
les Guzantes, que l'on rencontrera plus loin, à droite. Ils devaient tresser le reste de leur chevelure, car les monuments
égyptiens représentent les Tahennou avec des cheveux coupés
en rond et de longues tresses pendant en avant. En outre, plusieurs de leurs tribus, comme les Maxues et les Guzantes,
avaient l'habitude de se peindre avec du minium.

Les voisins des Maxues, du côté de l'ouest, étaient les
Zauèces, qui menaient leurs femmes à la guerre en les chargeant de conduire les chariots. Plus loin venaient les Guzantes,
qui habitaient des montagnes remplies de singes et riches en
abeilles. L'usage des chars, qu'Hérodote rappelle à l'occasion
des Zauèces, a une importance que l'on connaît. Il était répandu chez tous les Libyens, même chez ceux qui n'habitaient
pas dans l'Atlas. Les Garamantes se servaient de quadriges,
quand ils faisaient la guerre aux Troglodytes[1]. Les Nigérites
ou mieux N'Gères, ces Libyens de la dernière époque, qui allèrent conquérir le bassin du Niger, avaient également des
chars de guerre[2].

Les monuments égyptiens nous montrent que ces chars
étaient de deux sortes[3]. Il y avait des chars de combat et des
chariots de transport. Ces derniers étaient en osier ou en bois
avec des roues pleines, et ils étaient traînés par des bœufs ; ils
ressemblaient aux chariots germains représentés sur la colonne Antonine. C'est un des événements les plus curieux de
l'histoire primitive, que cette vaste expansion des peuples
voyageant avec des chariots. Le flot de ces envahisseurs qui
comprit les Libyens, les Gaulois, les Germains, les Scythes,
traversa toute l'Europe et toute l'Afrique septentrionale jusqu'au Nil et au Niger.

1. Hérodote, IV, 183.
2. Strabon, L. XVII, C. III, § 7, page 703 de l'édition Didot.
3. Lefébure. — *Les races connues des Égyptiens*, p. 17.

Dans ces migrations, les femmes conduisaient les chariots qui portaient les enfants, et elles se trouvaient forcément sur le champ de bataille, les jours de lutte. C'est ainsi qu'elles durent prendre part aux combats. Cet usage qui amenait les femmes sur les champs de bataille, n'était pas seulement répandu chez les populations de l'ouest, dans la Germanie, dans la Gaule et dans la Libye, il se retrouvait encore chez les Pélasges de la Grèce, particulièrement chez ceux d'Athènes[1]. C'est à cause de cela que ces derniers donnèrent à leur Athènè le costume guerrier des Libyennes. Chez toutes ces populations la femme s'associait aux travaux et aux dangers de son mari, et cette organisation de la famille est une des grandes causes de la supériorité morale des nations occidentales. A l'égard des Libyens, lorsque Hérodote accuse les Ausées et les Maxues de ne pas connaître l'institution du mariage, il a répété une accusation qui est contredite par les faits, et qui devait venir des Grecs de Cyrène : les Grecs étaient trop disposés à rabaisser leurs voisins.

Le rôle et la situation sociale des femmes de l'Occident furent un objet d'étonnement pour les autres peuples. Ce fut l'origine des fables répandues sur les Amazones. On s'en assure en examinant les pays habités par ces nations : toutes les contrées qui ont appartenu à ces femmes guerrières, ont été occupées par des peuples apparentés aux Libyens ou ayant une organisation sociale semblable à la leur. Cela est particulièrement vrai pour les Amazones africaines : les contrées assignées à cette nation par Diodore, sont exactement celles où Hérodote a mis des Libyens, et tous les champs de bataille que ces femmes ont parcourus, correspondent aux pays dans lesquels les Libyens ont porté la guerre.

Au point de vue purement géographique, la troisième description d'Hérodote présente des faits également curieux, d'autant plus curieux qu'ils n'ont pas encore été expliqués

1. Platon, *Critias*, p. 252, l. 51.

par la géographie. En premier lieu, elle nous apprend que le
domaine des Libyens occidentaux était situé entre deux mers.
A l'est il y avait la Petite-Syrte, vers laquelle habitaient les
Maxues. A l'ouest une mer inconnue baignait le littoral des
Guzantes. Ici on trouvait une île nommée Cyraunis qui avait
été visitée par les Carthaginois. C'était une terre très rapprochée du rivage, longue de 200 stades (37 kilomètres environ),
qui produisait beaucoup d'oliviers et de vignes [1]. Elle avait un
lac où les jeunes filles du pays recueillaient des paillettes d'or
au moyen de plumes enduites de poix, ce qui paraissait assez
étrange à l'historien. Entre les deux mers s'étendait une région montagneuse couverte de forêts et riche en terres agricoles. Le pays était assez régulièrement partagé entre les trois
peuples qui l'occupaient : le centre appartenait aux Zauèces,
le versant de la Petite-Syrte aux Maxues et celui de la mer
occidentale aux Guzantes.

Pour voir combien cette description est exacte, il suffit de
jeter un coup d'œil sur la carte moderne. Si l'on suit sur cette
carte les pays qui s'étendent à l'ouest de la Petite-Syrte et du
Triton, on reconnaît qu'il y a véritablement une vaste région
montagneuse, courant dans la direction du couchant et allant
finir sur une mer occidentale qui n'est pas autre chose que
l'Océan. Cette terre montagneuse est le pays de l'Atlas. Si
Hérodote en parle sans rappeler le nom de cette montagne et
sans citer celui des Atlantes, c'est que ces deux noms avaient
été effacés à l'époque dont il est question : la troisième description se rapporte à une date postérieure à celle où les Égyptiens visitaient l'Afrique occidentale par la route des oasis.

C'est pour n'avoir pas remarqué cette différence de date,
que les géographes se sont égarés en examinant cette description. Ils ont été embarrassés également parce qu'ils ne pouvaient trouver, sur les côtes occidentales des régions de l'Atlas,
aucune terre qui ressemblât à l'île de Cyraunis. A cause de

1. Hérodote, IV, 195.

cela ils ont admis que cette île devait être identique à celle de Cercina, la Kerkna des cartes modernes, qui se trouve dans la Petite-Syrte. C'était se jeter dans des difficultés encore plus embarrassantes que celles qu'ils prétendaient éviter. En effet si l'île de Cyraunis et celle de Cercina sont identiques, il faut admettre que les pays décrits étaient au nord du Triton et non à l'ouest de ce fleuve, qu'ils se réduisaient à une région très limitée au lieu de former une vaste contrée, et que leurs grandes montagnes n'étaient plus que des ondulations insignifiantes. De pareilles conclusions sont tellement en désaccord avec le texte de l'auteur, qu'elles devraient être écartées même dans le cas où il serait impossible de retrouver l'île de Cyraunis.

Mais, heureusement, la difficulté est loin d'être insoluble. Pour trouver cette terre, il faut savoir d'abord que Polybe rencontra, dans le voisinage de l'Atlas occidental, une île nommée Cernè, qui était à 8 stades (1480 m. environ), de la côte, lorsqu'il alla explorer les bords de l'Océan, en 145 avant notre ère [1]. Cette Cernè occupait donc la place même de Cyraunis, et elle portait un nom bien semblable à ce dernier. Sans doute, il ne reste aucune trace ni de l'une ni de l'autre. Cependant on peut savoir ce qu'elles sont devenues, si l'on se rappelle que la ville de Cernè, la capitale des Atlantes, était au pied de l'Atlas comme les îles en question et qu'elle était sur un canal qui la reliait avec la mer. Selon toute probabilité, l'île de Cernè, qui fut ensuite appelée Cyraunis, était simplement la terre qui formait le seuil du Tritonis occidental. Cette terre, qui était entourée d'eau de trois côtés au moins, pouvait même former une île véritable, si le lac était relié avec la mer par plusieurs canaux. Elle dut être très riche tant que le Tritonis a existé. Plus tard elle disparut en se soudant peu à peu au rivage à mesure que le lac se vidait.

Ces faits ne montrent pas seulement que l'île de Cernè et celle de Cyraunis étaient identiques à la terre sur laquelle s'é-

1. Pline, VI. 36, § 2. Didot, t. 1, p. 272.

levait Cernè, ils expliquent encore la fortune de ce dernier nom. Ce nom qui a été rencontré sur les côtes occidentales de l'Afrique par tous les voyageurs qui ont visité ces parages, depuis les temps les plus reculés jusqu'à nos jours, doit son illustration à la capitale des Atlantes : c'est un héritage que la géographie a reçu directement des anciens maîtres de l'Atlas. Il est toujours resté écrit sur ce littoral, mais il y a été ballotté d'île en île comme une épave, et il a fini par échouer sur un îlot solitaire qui se cache dans l'anse sablonneuse du Rio-d'Ouro. C'est là que la carte moderne nous montre la dernière Cernè. Quant à l'origine de ce nom, qui ressemble beaucoup à celui de Cyrène, elle doit se trouver dans l'épithète de cerauniens (les foudroyés), que les sommets de l'Atlas ont probablement porté à une certaine époque [1] : la grande chaîne africaine qui est battue par les tempêtes, méritait ce nom.

Le lac de Cyraunis où l'on pêchait de l'or, était un bassin où se faisait le lavage des sables aurifères exploités autrefois par les Atlantes, soit que l'on trouvât des sables de ce genre dans le voisinage, soit que l'on y apportât des pépites ramassées sur d'autres points, pour les broyer et en extraire le métal. Les femmes chargées de ce lavage recueillaient les paillettes d'or au moyen de plumes enduites de poix comme les laveurs des placers les ramassent avec du mercure. Elles égayaient leur travail avec des chants, et, à cause de cela, elles étaient devenues les Hespérides à la voix harmonieuse.

Une fois que l'on a trouvé l'île de Cyraunis, et quand l'on sait que le pays des Gyzantes était véritablement situé sur l'Océan, on voit la description d'Hérodote prendre une valeur nouvelle. Les riches contrées décrites par l'historien ne sont plus seulement les terres voisines de la Petite-Syrte, mais cette immense région qui court de la Méditerranée centrale à l'Océan et sur laquelle s'étend l'Atlas méridional. C'est sur les pentes de cette montagne que se trouvaient les vastes forêts et les

[1]. Diodore, III, 70, § 4.

belles campagnes exploitées par les Libyens. Aujourd'hui on
y découvre de nombreuses traces qui témoignent de cette ancienne prospérité et de la richesse des populations primitives
établies dans ce pays. Cependant il est curieux de constater
que cette prospérité a eu pour témoins des voyageurs connus
de l'antiquité classique. Il est aussi intéressant de savoir que
cette contrée a été prospère à une époque où elle était occupée par la race blanche des Libyens. La description d'Hérodote complète heureusement les indications fournies par
Salluste sur l'Atlas du nord et celles que Diodore et Platon
nous ont données sur l'Atlas occidental. Enfin elle nous apprend que l'empire des Atlantes a d'abord été morcelé par
des Libyens insurgés avant d'être conquis par les Phéniciens.

.C'est une sorte de guerre civile entre les populations libyennes qui acheva de ruiner ce pays : le fait est nettement
indiqué par Hérodote et sera confirmé par le récit de Diodore.
Entre les tribus qui se signalèrent dans cette dernière période,
le premier rang appartenait aux Maxues qui avaient pris la
plus heureuse position de l'Atlas, puisqu'ils occupaient l'entrée de la vallée du Triton sur la Petite-Syrte, la tête de la
route des deux Triton. Ces Maxues, dont le nom se retrouve
avec une légère variante chez leurs voisins les Machlues, sont
le même peuple que les Maschouaschs des inscriptions égyptiennes, les compatriotes et les alliés constants des Lebou
dans toutes les guerres dirigées contre les maîtres de la vallée
du Nil : c'est une identité qui est reconnue depuis longtemps.
Les Maschouaschs, après avoir échoué contre l'Égypte, tour-
nèrent tous leurs efforts contre l'Atlas et y prirent la première
place. Ils ouvrirent plus tard ce pays aux marchands de Cyrène, comme ils avaient ouvert l'Afrique du nord aux Pélasges.
Cependant ils finirent par être alliés des Phéniciens qui devenaient de plus en plus puissants sur la Petite-Syrte. Ce sont
eux qui ont formé le principal élément de cette population
des Libyphéniciens qui s'associa à la fortune de Carthage. A

cause de cela ils ont disparu avec cette ville et se sont perdus au milieu des populations sémitiques de l'Afrique.

On trouve la confirmation de ces faits en consultant les premiers documents modernes qui se rapportent à l'Atlas. Un savant algérien a dressé la carte ethnographique de ces pays au XIe siècle, c'est-à-dire pour la période qui précéda immédiatement l'invasion des tribus arabes [1]. Or, si l'on regarde cette carte, on y retrouve, à la place même indiquée par Hérodote, deux tribus indigènes qui portent des noms semblables à ceux des Zauèces et des Gyzantes. Le pays des Zauèces est occupé par les Ouacin, et une partie de la terre des Gyzantes est assignée aux Guezoula. C'est là une coïncidence très curieuse, et il paraît impossible que les Ouacin et les Guezoula ne soient pas les héritiers des Libyens dont ils avaient gardé le pays et presque le nom. Il peut y avoir quelque contestation pour les derniers, parce que l'on a cru voir en eux les représentants des Gétules : c'est un problème qui ne sera certainement résolu que le jour où l'Atlas marocain aura été étudié de près. Pour les Ouacin le doute semble impossible. Quant aux Maxues on sait pourquoi leur nom a disparu.

Cependant l'auteur de la carte range parmi les Berbères les Ouacin aussi bien que les Guezoula [2]. Mais il faut se rappeler que l'on a confondu jusqu'ici, sous ce nom, toutes les populations de l'Atlas qui ne sont pas Arabes. On avait bien remarqué çà et là quelques groupes isolés de population blonde, mais tout le reste était rangé dans deux classes, les Arabes et les Berbères. Ce n'est que récemment que l'on a commencé à signaler, parmi ces derniers, des différences ethnologiques ou linguistiques, qui montrent que cette population renferme des éléments multiples bien distincts. Les Européens qui se sont établis sur la côte, dans cette riche zone qui a été occupée la première par les Berbères, par les Phé-

1. Mercier ; *Histoire de l'établissement des Arabes dans l'Afrique septentrionale.*
2. PP. 45, 46.

niciens leurs alliés et, plus tard, par les Arabes, étaient mal placés pour retrouver les traces des Libyens. Ils ont mal distingué cette population qui s'était repliée vers le sud ou vers l'ouest et qui a cessé depuis longtemps d'avoir un rôle à part.

Il n'y a rien d'étonnant, d'ailleurs, que cette population ait fini par rentrer dans l'ombre : elle a vécu dans des conditions qui la condamnaient, en quelque sorte, à succomber. Elle se trouvait isolée de l'Europe, loin des peuples qui appartenaient à la même race qu'elle, et elle a subi des attaques qui se sont renouvelées pendant plusieurs milliers d'années et qui ont été particulièrement redoutables. Tous les envahisseurs contre lesquels elle a eu à combattre, les Berbères, les Phéniciens, les Carthaginois, les Arabes parlaient des langues ayant entre elles une grande affinité. Dans ces conditions, elle devait être comme submergée, elle devait perdre en même temps sa nationalité et sa langue. Sa défaite a été complétée par l'introduction de l'Islam. En conséquence il faut s'étonner, non pas de l'effacement de cette race, mais de la persistance de certains éléments qui lui appartiennent sans contestation.

Ces éléments se retrouveront dans la langue, dans les traditions et dans les mœurs des populations de l'Atlas. Il serait impossible de les énumérer et il est inutile de les rechercher ici. Il importe cependant de rappeler un fait particulier qui se rattache directement aux souvenirs des anciens Libyens et qui peut avoir une importance capitale. A côté de cette institution libyenne, qui a été fortifiée plus tard par le christianisme et qui donne à la femme berbère une place respectée dans la famille, il y a, dans l'Afrique du nord, un autre usage qui reporte la pensée jusqu'aux hommes des dolmens. Il se rencontre chez les populations qui habitent les oasis marocaines, ces pentes méridionales de l'Atlas où les Libyens se sont maintenus plus longtemps. Les hommes de ces contrées ont l'habitude, quand ils voyagent en caravane et quand ils établissent leurs campements, de former des enceintes de pierres qui représentent pour eux des sortes de temples, et dans l'intérieur desquelles ils se mettent pour faire leurs prières. On rencontre de ces enceintes, que l'on nomme des meijedd et qui sont généralement rectangulaires, sur toutes les routes qui rayonnent autour de leur pays [1].

Elles rappellent, sinon par la forme, au moins par l'usage que l'on en fait, et par le mode de construction, les cercles de pierres que l'on trouve sur le sol de l'Europe et qui ont été laissés par les hommes des premiers âges.

La relation entre ces deux sortes de constructions est d'autant plus frappante que l'Atlas est plein, il faut le rappeler encore, de monuments de l'époque mégalithique et que les hommes des dolmens y ont conservé plus longtemps leurs anciens usages. Il peut donc se faire que les constructeurs des enceintes de pierres de l'Afrique contemporaine soient les héritiers directs de ceux qui ont laissé des cercles de pierres sur le sol de l'Europe. Dans ce cas il y aurait chez eux une tradition permanente, continue, qui aurait commencé aux premiers jours de l'histoire et qui se perpétuerait encore aujourd'hui ; ils seraient comme les derniers témoins destinés à expliquer les premiers événements accomplis sur les terres occidentales de l'ancien monde.

Quoi qu'il en soit de ce fait, il est certain que l'Atlas est une des contrées où l'on trouvera le plus de documents pour refaire l'histoire primitive de l'humanité ; on peut répéter, avec l'espérance de la voir se réaliser bientôt et en lui donnant la signification la plus large, cette prévision exprimée à l'égard de l'Afrique septentrionale par Fergusson : « C'est là qu'est enfouie la clef qui doit un jour nous dévoiler les mystères de l'architecture mégalithique [2]. »

---

1 Voyage au pays des Touareg-Azgher, *Missions catholiques*, 1881, p. 286.

2. Fergusson : *Les monuments mégalithiques de tous les pays*, trad. de l'abbé Hamand, p. 434. Tchihatchef, p. 150.

CHAPITRE IV

Du côté de l'Europe, les maîtres de l'Atlas avaient étendu leurs conquêtes sur tous les pays qui touchent à la Méditerranée, depuis les Colonnes d'Hercule jusqu'à la Sicile.

L'histoire de cette conquête est résumée dans le Timée, à la suite du passage où le prêtre égyptien décrit l'univers avec ses deux groupes de terres : « Dans l'île Atlantis, continue-t-il, s'était formé un État considérable et merveilleux, dirigé par des rois, qui s'était étendu à l'île entière, ainsi qu'à d'autres îles nombreuses. Outre cela, ces rois commandaient aux terres de la Libye jusqu'à l'Égypte, et à celles de l'Europe jusqu'à la Tyrrhénie. Ensuite cette puissance, concentrée en un seul faisceau, entreprit une guerre pour soumettre votre pays et le nôtre, tous ceux qui sont en deçà du détroit. »

L'établissement de la domination libyenne au nord des Colonnes d'Hercule est le premier grand événement dont l'Europe occidentale ait été le théâtre. Le fait devient particulièrement intéressant, quand on sait que les Atlantes n'ont pas vécu dans des âges reculés, inaccessibles à la science, et quand on voit qu'ils ont rencontré autour d'eux des peuples connus comme ceux de la Tyrrhénie et d'Athènes. Mais, si l'histoire de ces événements devient plus intéressante à cause de cela, elle présente aussi des difficultés plus considérables parce qu'elle impose l'obligation de discuter un très grand nombre de questions. Dans cette direction nouvelle, elle se heurte à une multitude de problèmes, pour chacun desquels il faudrait une discussion particulière. Au lieu d'entreprendre cette tâche multiple, l'auteur se bornera souvent à indiquer les problèmes eux-mêmes ; il ne peut abandonner la voie qu'il a choisie pour explorer les routes latérales qui s'ouvrent dans toutes les directions.

Le premier de ces problèmes est de trouver la place de la Tyrrhénie qui servait de limite à l'empire des Atlantes au moment où ce peuple entreprit la conquête de l'Orient.

D'après les savantes recherches de M. d'Arbois, les Tyrrhéniens ont eu successivement deux domaines en Europe [1]. Ils se sont d'abord établis en Grèce, et c'est de là qu'ils seraient partis pour attaquer l'Égypte de concert avec les Libyens, sous les règnes de Ménephtah Ier et de Ramsès III XIVe siècle). Plus tard, après l'an mil seulement, ils sont allés occuper la région septentrionale de l'Italie, qui porta désormais le nom de Tyrrhénie ou d'Étrurie. Cette dernière date est donnée d'après Dion Cassius et Plutarque.

Mais il y a une autre tradition rapportée par Diodore de Sicile, qui fait partir les Tyrrhéniens de la Grèce pour l'Italie, à la suite du déluge de Deucalion, bon nombre de siècles plus tôt [2]. L'examen de la géographie libyenne nous fera voir que cette dernière date pourrait bien être la véritable. Elle nous prouvera que les Libyens avaient établi un grand nombre de tribus appartenant à leur race sur les frontières de la Tyrrhénie italienne. Cependant, d'un autre côté, on peut constater que les Libyens se sont également avancés jusqu'en Sicile, en sorte que l'indication donnée par Platon serait également vraie, lors même que la Tyrrhénie dont parlaient les prêtres de Saïs, devrait être placée dans la Grèce.

1. Les premiers habitants de l'Europe, p. 86 et 97.
2. Diodore XIV, 113, § 2

La date des conquêtes des Atlantes sera déterminée plus loin avec plus de précision, quand on arrivera à l'histoire de ces guerres. Pour le moment, il suffit de rappeler que le récit même de Platon les place entre l'époque de Cécrops et celle de Thésée, l'un et l'autre rois d'Athènes, c'est-à-dire entre le XVIe siècle et le commencement du XIIIe. Cela achève de démontrer que les luttes des Atlantes sont identiques à celles des Libyens et que ces deux noms désignent le même peuple.

La détermination de ces deux faits, la limite géographique des conquêtes réalisées par les Atlantes et la date de ces conquêtes, permet de poser nettement le nouveau problème qui nous occupe.

Il s'agit de parcourir les contrées qui s'étendent de l'Atlas à l'extrémité méridionale de l'Italie pour en examiner la géographie et l'histoire primitives, et pour s'assurer que ces pays ont été occupés par une invasion partie des colonnes d'Hercule ou de l'Espagne, entre le XVIe et le XIIIe siècle.

On trouve tout de suite des preuves de l'extension des Atlantes en Europe, en examinant la nomenclature géographique de la Mauritanie occidentale, le centre de l'empire libyen. Au temps du géographe Ptolémée, les fleuves de ce pays portaient encore des noms qui se retrouvent sur la carte de l'Europe moderne. Or, on sait que les noms des rivières sont ceux que le temps respecte le plus. Le tableau suivant donne la liste de ces fleuves avec la graduation de Ptolémée, le premier chiffre indiquant la longitude et le second la latitude.

Les noms de cette liste sont partagés en deux groupes. Le premier se rapporte à la Mauritanie septentrionale dont le littoral était longé par une route, en sorte que les distances en ont été calculées assez exactement. Les fleuves du second groupe sont ceux de la Mauritanie méridionale, dont la carte de Ptolémée a marqué les distances d'une façon moins correcte. Comme ce pays était couvert de montagnes, et comme il était occupé par des tribus à moitié indépendantes, on en connaissait mal l'étendue. Les distances rapportées par le géographe avaient été relevées par les caboteurs qui visitaient le littoral de cette contrée, et elles n'ont pas plus de valeur que les mesures données par les portulans. D'ailleurs il n'est pas question de discuter ici tous ces détails, et encore moins de donner la géographie complète de la Mauritanie Tingitane[1].

FLEUVES DE LA MAURITANIE TINGITANE.

1° Groupe du Nord.

Zilea.	6°	35° 40'	correspondant	à la riv. de Mudrava.
Lix ou Lixus.	6° 20'.	35° 15'	—	à la riv. d'El Arich.
Soubour.	6° 20'.	34° 20'	—	au Sebou.
Sala.	6° 10' ou 30'	34° 10' ou 33° 50'	—	à l'Oued bou Regreg.
Douous ou Dooous.	6° 10'.	33° 20'	—	à l'O. El Gobar.

2° Groupe du Sud.

Cousa.	6° 40'.	32° 45'	—	à l'O. El Arsa.
Azama.	7°	32°	—	à l'Oummer Rebia.
Diouros ou Diour.	7° 20'.	31° 40'	—	?
Thouth ou Phtouth.	7° 30'.	30° 30'	—	à un Oued entre le cap Blanc et le cap Cantin.
Ouna	8°	28° 30'	—	au Tensif.
Agna.	8° 30'.	27° 50'	—	au Ghared, au N. de Mogador.
Sala.	8° 40'.	27° 20'	—	à la riv d'Edwisan.

Il ne faut pas chercher longuement pour retrouver les noms de la première liste sur la carte d'Europe. La Zilea ou Zilia porte le même nom que le Sil, affluent du Minho, qui coule en Galice, et que la Sella, une rivière des Asturies. Ce nom se retrouve également en France dans celui des rivières appelées Selles. Le Lix ou Lixus se nommait comme le Licus, le Lech, affluent du Danube. Si cette correspondance lointaine étonne d'abord, elle surprendra moins quand on rencontrera plusieurs groupes de Libyens dans les Alpes centrales au nord de la vallée du Pô. D'ailleurs le Lixus portait un nom fameux dans la géographie africaine ; c'était un de ceux qui

---

1. Ptolémée, L. IV, c 1, p. 249.

avaient été illustrés par le souvenir d'Hercule [1]. Mais il faut savoir qu'il y avait deux Lixus dans les régions de l'Atlas, celui qui coulait en Mauritanie, et un Lixus qui était au sud de la chaîne africaine. Celui-ci, qui correspond au Draa, était de beaucoup le plus remarquable des deux [2].

Le Soubour portait le même nom que le Sabor affluent du Douro. Il y avait aussi une ville de Soubour dans l'est de l'Espagne, non loin de Tarragone [3].

La Sala, sur laquelle se trouvait la ville du même nom, qui s'appelle aujourd'hui Salé, arrosait le pays des Salasses. Ces derniers se nommaient exactement comme les Salasses des Alpes, et le fait s'explique en voyant que l'Atlas méridional avait un Diouros, dont le nom est identique à celui de la Doria qui arrose la vallée des Salasses alpins. Il y a même, dans le haut de la vallée d'Aôste, sur la route qui conduit au Petit-Saint-Bernard, un gros village et une rivière qui se nomment Sale, et qui gardent probablement le souvenir des anciens maîtres du pays. Le nom des Salasses africains a subi de nombreuses altérations dans les différents textes de Ptolémée, mais il suffit de rapprocher ce nom de celui de la Sala pour en reconnaître la forme primitive. D'ailleurs on trouvait en Espagne plusieurs villes nommées Sala : il y en avait une, entre autres, chez les Turdetans qui habitaient vers le Bœtis inférieur [4].

Le nom de Douous présente une correspondance qui n'est pas moins remarquable. Il se retrouve dans celui de la Deoua ou Déva, une rivière de l'ancienne Espagne, qui tombait dans le golfe Cantabrique [5].

En Gaule il a été conservé par les nombreuses Dives qui arrosent notre territoire et qui se trouvent dans l'ouest, entre le Poitou et la Manche ; la plus importante est la Dives nor-

---

1. Pline, L. V, c. 1, § 3, 4. Édition Littré.
2. Périple de Hannon, p. 5.
3. Ptolémée, L. II, c. 5, p. 121.
4. Ptolémée, L. II, c. 3, p. 112-113.
5. Ptolémée L. II, c. 5, p. 119.

mande qui arrive à la mer non loin de l'embouchure de la
Seine. Le même nom se retrouve encore dans la Grande-Bretagne où il y a plusieurs Deva ou Dee, entre autres celle qui descend du pays de Gales à Chester. Il forme donc une longue traînée qui court sur les côtes de l'Océan, de l'Atlas à la mer d'Irlande. C'est de ce côté que les noms du pays des Atlantes se
répètent le plus fréquemment. Ils prouvent que le courant de
conquêtes parti de l'Atlas ne s'est pas seulement dirigé du côté
de l'Égypte et de la Grèce, mais qu'il a suivi également une
troisième route le long de l'Océan. Dans cette direction, les
maîtres de l'Atlas allaient chercher l'étain dont ils avaient besoin pour fabriquer le bronze.

Les fleuves du second groupe ont des noms qui appartiennent
également à la nomenclature européenne. Le Couza porte le
même nom que les Couzances ou les Cousins de la France, dont
le plus connu est le Cousin du Morvan qui passe à Avallon.
Celui de l'Azama doit avoir la même origine que les noms des
nombreuses rivières françaises que l'on appelle Auzon, Au-
zenne, Ausance et Auzance, et dont la plus remarquable est
l'Auzance qui passe à Vouillé pour tomber dans le Clain, affluent de la Vienne ; car il se prononçait aussi Azana.

Pour le Diouros, on sait qu'il se rattache à cette traînée de
Douro, de Dore, de Doron, de Doire, qui court de l'Atlas en
Italie à travers l'Espagne et la Gaule. Entre les noms de la
momenclature européenne, c'est un des plus anciens et des
plus curieux.

Le Touth ou Phtouth semble d'abord faire exception parmi
les noms des fleuves de la Mauritanie ; il présente une con-
sonnance toute orientale, égyptienne ou sémitique. L'historien
Josèphe en avait même conclu qu'il portait le nom de Phut,
un fils de Cham, frère de Mesraïm et de Chus[1]. On pourrait
admettre qu'il en est ainsi et qu'une branche chamite avait
véritablement pénétré dans cette portion de la Mauritanie.

1. *Antiquitates Jud.*, 1, 6, § 2.

Cependant, si l'on remarque que la vallée arrosée par le Touth n'a qu'une importance médiocre, et que les autres noms des rivières de ce pays n'ont aucun caractère oriental, on croira plutôt que celui-ci a été défiguré par les Gétules ou les Phéniciens ; il a dû s'appeler d'abord comme le Tetum ou le Tet qui coule dans les Pyrénées-Orientales.

Les trois derniers fleuves, l'Ouna, l'Agna et la Sala, ont des noms tout européens. Le premier de ces noms ressemble à celui de l'Unna, affluent de la Save, et à celui de l'Inn ; or l'on verra qu'une tribu libyenne était allée s'établir dans le pays illyrien vers le nord de l'Adriatique. Celui de Sala est connu. Celui d'Agna est identique, sauf la prononciation, au nom du Guadiana (Ouadi-Ana), le fleuve de l'Espagne méridionale.

En conséquence, il res te établi que les fleuves de l'Atlas occidental ont reçu leurs noms primitifs d'une population qui occupait toute l'Europe jusqu'à l'Italie. La carte prouve donc que les prêtres de Saïs ont énoncé un fait historique exact, quand ils ont affirmé que les Atlantes avaient étendu leur domaine jusqu'à la Tyrrhénie. Ainsi la géographie a des traces, onpourrait dire des inscriptions, écrites sur le sol, qui permettent de retrouver l'histoire des événements les plus lointains.

La nomenclature européenne de l'Afrique se prolongeait jusqu'au Sénégal. Ce fleuve, que les Phéniciens appelaient Chrémétès, fut nommé Dara par les Libyens[1]. Depuis ce moment le nom de Dara ou N' Dar est resté à plusieurs localités du Sénégal inférieur, et se retrouve à Guet-N'Dar et au faubourg de N' Dar de Saint-Louis. Cette dénomination se rattache au même groupe de noms que celle de Douro et de Doire, et elle permet de reconnaître une ligne géographique des plus merveilleuses. En effet, on trouve de nombreux Dara dans le versant méridional de l'Hindou-Kouch ; dans ce massif qui s'élève au nord-ouest de l'Indus, toutes les vallées arrosées

---

1. Ptolémée, L. IV, c. 6, p. 292. La forme de ce nom et l'histoire de cette conquête libyenne seront expliquées dans une étude postérieure.

se nomment des Dara[1]. La même expression a passé également dans certaines langues touraniennes, puisque le mot *déré* des Turcs a une signification semblable.

En mesurant l'aire géographique marquée par ce nom de Dara ou Doire, auquel on doit probablement rattacher celui de Don, on voit que ce champ, compris entre l'Atlas et les Indes, a la même étendue que le domaine de la race indo-européenne et qu'il correspond également à la zone parcourue par les hommes des dolmens. Ces trois séries de faits se sont développées dans le même cadre et avec les mêmes dimensions, en sorte qu'il est impossible de ne pas reconnaître qu'elles ont entre elles des rapports directs.

Évidemment les hommes des dolmens, qui ont vécu jusqu'aux premiers siècles de notre ère, ont connu plusieurs des noms que nous lisons aujourd'hui sur nos cartes, et il est probable qu'ils en ont transmis eux-mêmes un certain nombre à la géographie. Ainsi on rencontre, sur bien des points, une tradition directe et suivie qui remonte de notre époque actuelle jusqu'aux premiers hommes établis dans l'Europe occidentale.

La conséquence de ces faits est d'une grande portée : elle est particulièrement importante pour l'étude de l'Espagne, car elle va permettre de résoudre une partie des problèmes dont ce pays a été l'objet. Comme on trouve dans cette contrée une double population, celle des Vascons ou des Basques et celle des peuples que nous appellerons non Basques en attendant d'en déterminer le nom, on s'est demandé à laquelle de ces deux races l'Espagne a appartenu d'abord; ensuite on a cherché quels étaient ces Ibères qui ont donné leur nom à la péninsule et qui ont étendu leurs conquêtes dans les îles et dans les contrées voisines jusqu'à la Sicile. Ce qui a rendu la question plus difficile, c'est que le nom d'Ibère, après avoir été un terme ethnologique lorsqu'il désignait la tribu établie sur l'Èbre, est devenu une expression géographique lorsque

1. *Proceedings of the geographical society*, 1881, pp. 284, 294, 498.

l'Espagne entière a pris le nom d'Ibérie. Alors toutes les populations de cette contrée, les Basques et les non Basques, se sont appelées également des Ibères.

La question a été étudiée avec beaucoup de talent ; mais les recherches ont été trop limitées, parce que l'Atlas est resté en dehors de ces explorations scientifiques. D'un côté, M. d'Arbois, qui a discuté le problème tout entier, a pensé que les Atlantes, les Libyens et les Ibères étaient de la même race et que cette race était identique à celle des Basques[1]. D'autres savants ont porté leurs investigations sur un champ plus limité, et ont cherché seulement quels étaient les souvenirs géographiques laissés par les Basques. M. Desjardins, qui a repris et complété le débat, le résume en rappelant la conclusion de M. Luchaire: « Du temps de Strabon, de Pline et de Ptolémée, des localités à noms basques existaient sur les bords du Guadalquivir, du Tage, de l'Èbre, et sur les deux versants des Pyrénées[2]. »

On peut accepter cette dernière conclusion. Il est certain, d'un autre côté, que les Atlantes, les Libyens et les Ibères appartiennent à la même race. Ces résultats restent établis pour la science ; mais il faut les compléter en ajoutant que les Libyens et les Atlantes ne sont pas des Basques, pas plus qu'ils ne sont des Berbères ; les études précédentes le démontrent.

Il est encore certain que les non Basques ont précédé les Vascons en Ibérie. Platon nous a appris que les Atlantes sujets d'Eumèlos en occupaient la portion méridionale, et Salluste nous a fait voir que le peuple primitif de ce pays parlait la même langue que les Libyens. Les traditions pélasgiques recueillies par les auteurs grecs confirment ces renseignements. Elles nous apprennent que l'Ibérie appartenait au roi Chrysaor au moment où Hercule y passa en revenant de l'Atlas. Ce roi qui était ainsi nommé à cause de ses immenses riches-

1. *Les premiers habitants de l'Europe*, p. 15, 28 et 29.
2. La Gaule Romaine, t. II. p. 36.

ses, portait un nom tout européen. Il était d'ailleurs le fils de
Méduse, la reine des Gorgones, une nation d'Amazones de la
Libye, ce qui veut dire qu'il était de race libyenne [1]. Plus tard,
au VIe siècle, lorsque les marchands phocéens allèrent visiter
l'Espagne, les côtes orientales de ce pays étaient partagées
entre les Ibères qui habitaient au nord, et les Tartesses qui
possédaient les montagnes métallifères du sud. Or ces derniers avaient pour roi un chef appelé Arganthonios dont le
nom est encore européen [2]. Toutes ces traditions, qui sont
unanimes, prouvent que les non Basques ont été les premiers
habitants de l'Ibérie.

Il est encore certain que les Ibères qui ont fait des conquêtes
hors de la péninsule ne sont pas de race basque. Les nombreuses concordances constatées entre la nomenclature de
l'Atlas et celle de la Gaule, l'ont démontré d'avance. Le fait
devient encore plus frappant si l'on examine le peuple des Sicanes qui alla conquérir la Trinakie ou la Sicile, et qui fut le
représentant le plus illustre des conquérants ibères.

Il s'établit sur une terre des plus fréquentées du bassin de la
Méditerranée, et il y a vécu pendant de longs siècles. A cause
de cela il est question de lui dans un grand nombre d'auteurs
anciens. Thucydide, en particulier, nous apprend que c'était
une population ibère qui habitait d'abord sur le Sicanos et qui
en fut chassée par les Ligures. On connaît mal la position de ce
fleuve Sicanos que l'on a successivement identifié avec le Xucar,
la Sègre ou même avec la Seine, mais qui devait être plutôt en
Espagne qu'en Gaule comme on le verra plus loin. Quoi qu'il
en soit de ce fait, il est certain que les Ibères Sicanes allèrent
s'établir en Sicile. Or, si l'on cherche sur cette terre, on ne
trouve pas un seul nom qui appartienne à la langue basque.
Le résultat est le même pour la Sardaigne qui doit son nom aux
Ibères Sardones.

1. Hésiode, *Théogonie*, v. 280.
2. Hérodote, I, 163. d'Arbois de J., p. 243.

En conséquence, on voit que les Basques sont étrangers aux Ibères d'Italie, comme ils le sont à l'égard des Atlantes et des Libyens. Cette race a eu un rôle extraordinaire, puisqu'elle s'est ouvert un chemin à travers les populations européennes en venant d'une contrée lointaine, mais elle a été sans influence directe sur les peuples au milieu desquels elle s'est établie. On ne sait rien sur son origine ni sur la route qui l'a amenée dans son domaine actuel.

Le seul fait géographique qui jette quelque lueur sur ces questions intéressantes, c'est que les rivières des pays basques se nomment des gaves comme celles du Japon. Dans ce dernier pays les noms des cours d'eau se terminent tous par le mot de gava qui signifie rivière [1].

Non seulement la plupart des Ibères ne sont pas des Basques, mais les Ibères primitifs, ceux qui étaient établis sur l'Èbre, ne devaient pas appartenir à cette race. Ils avaient pris le nom de leur fleuve comme les Sicanes avaient pris celui du Sicanos, les Salasses celui de la Sala, les Tartesses celui du Tartessus qui fut peut-être le Bœtis, et ces exemples pourraient être multipliés. Ils durent surtout leur importance à ce que leur fleuve traversait la grande route qui longe la Méditerranée occidentale en allant de la Gaule en Espagne, et c'est à cause de cela que leur nom a formé celui de la péninsule. C'est à eux probablement que l'on doit la plupart des inscriptions et des monnaies dites ibériennes, dans lesquelles on n'a pu découvrir un seul nom basque. Il résulte de ces faits qu'ils appartiennent au groupe des populations qui portaient des noms empruntés aux rivières de leur pays.

Or, toutes les autres tribus de ce groupe sont étrangères à

---

1. Les Basques paraissent être arrivés en Europe à la suite de la lutte qui refoula les Scythes à l'ouest de la Caspienne, vers le XVI⁰ siècle au plus tôt. A cette époque, il y eut dans le centre de l'Asie une grande guerre entre les peuples de race jaune et les populations blanches japhétiques. C'est un événement qui eut une grande influence sur Europe, mais qu'il n'est pas possible d'expliquer ici. (HÉRODOTE, IV, 11 et 13). Voir la conclusion de cette étude.

la race des Vascons, et présentent des caractères européens.
En conséquence on doit admettre que les Ibères sont de race
européenne. L'Espagne, comme tous les autres pays de l'Europe occidentale, a appartenu à cette race dès le principe.
Toutes ces contrées n'ont jamais eu d'autres maîtres que les
peuples qui les occupent aujourd'hui, quoiqu'elles aient reçu
un certain nombre de colonies étrangères.

Au moment où Héraclès traversa l'Ibérie, cette terre venait
d'être conquise tout entière par Chrysaor. Celui-ci était soutenu par ses trois fils [1], des chefs redoutables que la fable a
transformés en un géant à trois corps nommé Géryon [2]. Il avait
aussi un troupeau de bœufs dont la réputation n'était pas
moindre que celle de ses richesses. Tous ces détails de la légende prouvent que Chrysaor et Géryon avaient conduit en
Espagne une armée puissante suivie de longs convois, à la
tête de laquelle ils avaient soumis l'ancienne population
libyenne du pays. L'invasion avait même pénétré en Afrique
où l'avait menée la reine Méduse, mère de Chrysaor. Héraclès
battit les envahisseurs et rendit la liberté aux Ibères Libyens.
Il partit ensuite emmenant avec lui les bœufs de Géryon que
la victoire lui avait donnés, et il les promena à travers toute
l'Europe dans sa marche vers l'orient, il les avait simplement
attelés aux chariots de son armée.

Au point de vue historique, cette invasion de Chrysaor et
les luttes qu'elle amena représentent un des premiers événements dont l'Europe occidentale a été le théâtre. C'est la
guerre des Ligures contre les Ibères, à la suite de laquelle les
Sicanes durent abandonner leur premier domaine comme
Thucydide l'avait appris [3]. Les Ligures appartenaient à la race

1. Diodore, IV, 17, § 2, et 18, § 2.
2. Apollodore, II, c. 5, § 10, *Frag. hist. græc.* t. I, p. 140. — Pausanias, l. 1,
c. 35, § 7, 8.
3. La lutte de Héraclès contre les Ligures est rappelée par Eschyle : *Prométhée
délivré,* fragment 76. Éd. Didot, p. 192.

européenne [1], ainsi que les Ibères et les Libyens, mais ils formaient un groupe à part et ils eurent de longues luttes contre
leurs voisins. Ils entrèrent en Espagne pour s'emparer des
mines de ce pays ; la possession des richesses métalliques
exploitées dans les terres occidentales, des deux côtés du détroit, est la grande cause de toutes les guerres qui ensanglan-
tèrent ces contrées. Les envahisseurs arrivèrent jusqu'au
centre de l'empire des Atlantes où ils laissèrent une de leurs
tribus. Mais les Libyens reprirent bientôt l'offensive et cette
lutte leur fournit même l'occasion d'étendre leurs conquêtes
à l'extérieur. Héraclès chassa les Ligures de l'Espagne, « et
donna le commandement des Ibères aux plus distingués des
indigènes [2] ».

Malgré ce triomphe, le nom des Libyens semble avoir été
oublié bientôt dans la péninsule, le seul souvenir de ce peuple
que l'on y rencontre à l'époque romaine est marqué par le
nom de Julia Libyca, une cité des Cerretani qui se trouvaient
dans les Pyrénées-Orientales. Mais en Gaule et en Italie les
Libyens ont laissé des souvenirs plus profonds.

Pline nous apprend que les deux bouches occidentales du
Rhône s'appelaient Libyques [3], tandis que la bouche de l'est
se nommait la branche Marseillaise. C'était le dernier écho
d'une ancienne tradition qui remontait jusqu'à l'époque où les
Libyens étendaient leur domaine jusqu'en Italie. Au Ve siècle
avant notre ère, Philéas disait que le Rhône servait de limite
entre la Libye et l'Europe. Avienus cite cette opinion pour la
combattre [4]. Elle était cependant exacte. Elle indique même
un fait géographique fort intéressant ; elle fait voir que la
frontière libyenne s'était arrêtée à la limite du territoire ligure.
De là cette frontière remontait le Rhône pour aller franchir
les Alpes par les passages qui s'ouvrent sur les deux Doria.

1. *Les premiers habitants de l'Europe*, p. 230.
2. Diodore, IV, 19, § 1.
3. L. III, c. 5, § 3.
4. *Ora maritima*, vers 676-682.

C'est par là qu'elle pénétrait en Italie où l'on retrouvait le nom des Libyens. Elle faisait le tour des Alpes méridionales sans y pénétrer, parce que ces montagnes étaient occupées par les Ligures ou par leurs alliés.

La présence du nom des Libyens sur la carte de la Gaule établit directement les relations de cette terre avec l'Atlas. Elle achève de faire comprendre les concordances nombreuses que présente la momenclature géographique des deux pays. Cependant on connaîtrait mal ces concordances, si l'on s'en tenait aux noms rencontrés dans l'Atlas. Il y en a d'autres encore, formant un groupe très nombreux, qui se lisent également sur le sol gaulois et sur celui de l'Afrique. Ce sont ceux qui ont pour radical le nom de *ger* ou *cher*. En Afrique ces noms furent répandus sur une aire immense par des tribus libyennes qui pénétrèrent dans l'intérieur du continent. Aujourd'hui encore, ils s'étendent du pied de l'Atlas, où l'on trouve le Gir qui descend vers le Touat jusqu'au bassin du Niger et à celui du Chari qui tombe dans le Tchad [1]. Dans la Gaule, ils se répètent en grand nombre, depuis les Pyrénées d'où descend le Ger, jusqu'aux Ardennes qui envoient le Chiers à la Meuse.

Ces noms sont particulièrement nombreux dans le bassin central du Rhône qui relie le bassin supérieur du Liger ou de la Loire avec les vallées des Doire. On y rencontre le Gier qui marque la limite septentrionale des Cévennes, la Gère de Vienne, et les deux Guier. Ils sont échelonnés sur la grande route libyenne qui conduisait de la Gaule en Italie, c'était par cette route que Héraclès avait passé quand il marchait vers la Sicile et la Grèce avec le grand convoi que traînaient les bœufs de Géryon. Il franchit les Alpes par le col méridional du pays des Salasses [2], c'est-à-dire par le Petit-Saint-Bernard. C'est même lui qui ouvrit cette route [3]; et l'on peut dire que le cercle de pierres qui

1. En attendant une étude plus complète, l'auteur renvoie à la petite brochure intitulée: *Les anciennes explorations et les futuresdé couvertes de l'Afrique centrale*.
2. Pline, III, 21, § 1.
3. Diodore, IV, 19, § 3.

couronne le col a été dressé par ses soldats. De là il descendit dans la vallé du Pô qui s'appelait alors le Bodincus, et traversa l'Italie, en suivant la voie même que les Sicanes ont parcourue dans leur marche vers la Sicile. D'ailleurs l'expédition de ce peuple et celle du héros sont identiques. Les campagnes d'Héraclès, en Espagne, en Gaule et en Italie, rappellent les luttes des Ibères contre les Ligures et la conquête de la Sicile par les Sicanes.

L'expédition du héros dans l'Europe centrale, sur la route qui conduisait de la Gaule au nord de l'Euxin, rappelait également des faits historiques de la plus haute importance, qu'il est impossible de raconter ici, mais dont l'on comprendra sans peine le caractère. Elle se rattache surtout à l'invasion qui conduisit les Européens ou les Japhétiques aux Indes, car Héraclès alla visiter également cette terre [1], pour achever de parcourir le domaine occupé par sa race : tous les peuples établis sur ce vaste domaine ont laissé des souvenirs dans la légende du héros.

En partant pour ce voyage de l'Orient, il laissa la marque de son pied sur les roches voisines du Tyras (Dniester) [2]. Ce monument, d'un caractère tout indien, faisait pendant à celui qui est gravé sur la montagne de la Taprobane (Ceylan).

La géographie donne des preuves directes qui démontrent les relations de ces contrées lointaines. Les Sindes établis sur le Caucase septentrional dont les pentes descendent vers le Palus-Mœotis [3], étaient les frères de ceux qui ont porté leur nom à l'Indus et aux Indes. Les émigrants venus du Caucase portèrent également le nom d'Hypanis dans leur nouvelle patrie [4]. Ils le donnèrent à un affluent de l'Indus. L'Hypanis d'Europe (le Boug méridional), dont l'embouchure se relie à

---

1. Diodore, II, 39, § 1.
2. Hérodote, IV, 82.
3. Hérodote, IV, 28.
4. Diodore, II, 37, § 4.

celle du Borysthène, coulait dans la région la plus vivante de la Scythie [1], et ce fait explique peut-être pourquoi son nom eut un écho dans les Indes. Le voyage d'Héraclès, qui se rattache à cette émigration, eut lieu avant l'arrivée des Scythes en Europe, mais peu de temps avant cet événement, puisque Scythès, le père des Scythes, est le fils du héros. Cela place la date du voyage vers le XVIIe où le XVIe siècle avant notre ère [2]. Les émigrants ont dû porter également dans les Indes le nom de Dara. Ils y ont rencontré aussi les traces des hommes des dolmens. Tous ces faits montrent de lointains horizons vers lesquels il faudra diriger des explorations scientifiques ; mais pour le moment, nos recherches nous ramènent vers les contrées de l'Europe occidentale.

Entre ces contrées il y en a une, la Gaule, qui a eu un rôle à part dans les événements de ces époques reculées à cause de la position centrale qu'elle occupe. Elle a été le premier domaine occidental des Libyens du second âge, de ceux qui sont allés en Afrique avec des chars et des chevaux. C'est de là que sont partis ces envahisseurs qui emmenaient avec eux de longues bandes de chariots, de quadriges et de chars de guerre, ces cavaliers à côté desquels combattaient les redoutables amazones. L'Afrique du nord n'avait point de chevaux lorsque les Libyens y arrivèrent, puisque l'Égypte ne connut pas cet animal avant l'arrivée des Pasteurs [3]. C'est donc de l'Europe que cet animal a été importé dans la Libye septentrionale. Les riches herbages de la Gaule en nourrissaient des troupeaux innombrables. On peut juger de cette richesse en voyant que la tribu établie à Solutré, dans le bassin de la Saône, a laissé sur le sol de son campement les débris de plus de quarante mille de ces animaux qui avaient servi à ses repas [4]. C'est dans

1. Hérodote IV, 17.
2. Sur la date de l'arrivée des Scythes, voir Hérodote, IV, 7.
3. Lenormant, II, p. 165.
4. Cartailhac, *Matériaux pour l'histoire primitive et naturelle de l'homme*, 1881, p. 221.

la Gaule que les Libyens avaient opéré leurs premières re-
montes. C'est aussi la nécessité de nourrir leurs chevaux qui les
obligea toujours à s'établir auprès des rivières et qui les amena
à prendre le nom des fleuves près desquels ils habitaient. Il
semble même que leurs premiers campements avaient été in-
stallés, à cause de cela, dans les vallées de la Saône et du Pô.

Dans celle-ci la rive gauche presque tout entière, la région
qui court au pied des Alpes, était habitée par des hommes
qui s'appelaient des Libyens. En descendant du pays des Salasses, où passait leur grande route, on rencontrait d'abord,
dans la contrée de Verceil, entre le Tessin et le Pô supérieur,
dans un domaine dont les limites ont varié, la tribu des Lebeci
comme les appelle Polybe [1], celle des Libici comme disent
Pline [2] et Ptolémée [3]. Or ce nom est identique à celui des Libues
ou Libui dont les Latins et les Grecs ont modifié la terminaison
de toute sorte de manières, à cause de leur habitude de dé-
cliner les noms propres. Ces Libici étaient des Libyens : le
nom des deux Doria sur lesquelles ils s'étaient établis, et la
position même de leur pays, achèvent de le démontrer.

Plus loin à l'est, la contrée de Brescia et de Vérone, par
conséquent les pays compris entre l'Adda et l'Adige, avaient
appartenu primitivement aux Libui, d'après Tite-Live [4]. Évidemment cette population, qui possédait la grande route des
Alpes centrales, celle du Brenner, avait dû s'étendre jusqu'au
bassin du Danube supérieur, où le Lech et l'Inn portent des
noms libyens. Une branche de ces Libui, celle des Liburnes,
abandonna un jour la vallée du Pô pour aller s'établir en Illyrie,
car Pline rapporte que ce peuple avait occupé jadis une partie
de la Gaule Cisalpine [5]. Cette origine, le nom même de Li-
burne, celui de l'Unna qui sort de l'ancienne Liburnie, tout

1. Polybe, II, 17.
2. Pline, III, 21, § 2.
3. Ptolémée, III, 1, p. 187.
4. L. V, c. 35.
5. Pline, III, c. 19, § 1.

cela prouve que cette population appartenait à la race libyenne.
Il y avait donc, dans la vallée du Pô et dans les Alpes centrales,
un groupe puissant de Libyens dont le domaine s'étendait
des deux Doria à la vallée de la Drave ou Draou dont le nom,
comme celui du Draa africain, doit venir de Dara. Ces faits
nettement indiqués par la carte de l'ancienne Italie, semblent
prouver que la Tyrrhénie des Égyptiens était véritablement la
Tyrrhénie italienne qui commençait au sud du Pô. En tous
cas, ils démontrent que les Libyens ont véritablement franchi
les Alpes.

Il y a cependant une objection qui semble ruiner ce résultat :
si l'on reconnaît les Liburnes et les Libui pour des Libyens,
il ne doit pas en être ainsi pour les Libici ou Lebeci qui étaient
des Gaulois. Polybe, qui avait dû visiter ces derniers quand il
alla étudier dans les Alpes le passage d'Annibal, l'affirme po-
sitivement ; il ajoute aussi qu'ils étaient arrivés vers le Pô avec
les Insubres. Il en était de même, à plus forte raison, pour les
Salasses.

Tout cela est vrai : il est vrai que les Salasses et les Libici
appartenaient à la race gauloise ; mais il n'est pas établi que
les Libyens eux-mêmes fussent étrangers à cette race. La démarcation que l'on mettait entre eux et les peuples de la Gaule,
quand on les rattachait à la race basque, n'existe pas. Il est
certain, au contraire, que les Libyens ont eu de nombreux
rapports avec les Gaulois, en sorte que beaucoup de tribus ont
compté successivement dans la première et dans la seconde
de ces races. Ces deux noms ne désignent pas deux populations différentes, mais plutôt deux périodes historiques de la
même race.

La puissance des établissements occupés par les Libyens
dans la vallée du Pô, le caractère de ce peuple de cavaliers et
les nombreux souvenirs qu'il a laissés sur les deux versants
des Alpes, tous ces faits qui se confirment les uns les autres,
font croire que le domaine primitif des Libyens a été dans les

plaines herbeuses du Bodincus et de la rivière des Sequanes, c'est-à-dire de la Saône. Le nom de ce dernier fleuve pourrait bien avoir quelque rapport avec celui de Sicanos, la rivière des Sicanes. Les vieilles traces d'habitations, particulièrement les tumulus, que l'on rencontre sur ses rives, présentent des caractères qui rappellent directement les Libyens d'Europe et d'Afrique. Les tertres funèbres sous lesquels les cavaliers de l'Atlas enterraient leurs morts ont des rapports étroits avec ceux des bords de la Saône.

Le Bodincus semble avoir eu une importance aussi grande pour les Libyens. Le nom de ce fleuve, d'après Polybe, avait été emprunté à la langue des indigènes qui pouvaient bien être les Libyens eux-mêmes quoique Pline rattache ce nom au ligure[1]. Il appartenait, en tout cas, à un radical européen commun à plusieurs langues, et équivalent du mot grec βαθύς profond[2]. Or ce nom rappelle peut-être celui du Baitios ou Bœtis que portait le fleuve de la Bœtique, et celui du Bathéos, un fleuve voisin de Drépane en Sicile, qui coulait au centre du pays occupé jadis par les Sicanes [3]. S'il en est ainsi, les trois fleuves marquent l'étendue du domaine habité dans l'Europe méridionale par les Libyens, et jalonnent la route que leurs invasions y ont parcourue. Ici il faudrait chercher si les Libyens n'ont pas porté eux-mêmes le nom de Bœtis en Espagne ; mais ce problème est écarté.

Les Sicanes qui portèrent en Sicile celui de Bathéos, passèrent par la vallée du Tiberis en traversant l'Italie et s'arrêtèrent dans le Latium [4]. La tradition recueillie par Virgile rapportait qu'ils y arrivèrent avec les Ausones, c'est-à-dire avec les Ombriens dont ce peuple faisait partie [5]. Or, c'est aussi vers le Latium que se porta Héraclès après avoir franchi

---

1. Polybe, II, 16. — Pline, III, 20.
2. *Les premiers habitants de l'Europe*, p. 224.
3. Ptolémée, III, 4, p. 194.
4. Pline, III, 9, § 16.
5. *Énéide*, VIII, V. 328. Le poète met également sur le Tibre les Labeci, dont le nom est identique à celui des Lebeci ; VII, v. 795.

les Alpes. En sortant de la montagne, il entra dans la Ligurie
septentrionale qui arrivait jusqu'au Bodincus et traversa les terres des Tyrrhéniens : c'est une nouvelle preuve que ce peuple
était en Italie bien longtemps avant l'an mil. Ensuite il alla
camper sur les bords du Tibre, au lieu même où Rome devait
s'élever [1]. Plus loin, dans les champs Phlégéens, qui étaient
dominés par la montagne enflammée que l'on nomma dans
la suite le Vésuve, il eut à combattre les habitants primitifs
de cette terre, les géants des anciennes traditions. Enfin il
passa en Sicile.

Ici l'histoire du héros européen s'est rattachée à celle de
Melkarth, qui a fait oublier son rival dans les contrées où les
Phéniciens ont passé. La légende raconte qu'il déclara la
guerre aux Sicanes. Ce n'est pas lui, mais l'Héraclès oriental,
qui a attaqué les Ibères de la Sicile. C'est même par la Sicanie
que le chef phénicien a commencé la conquête de la Méditerranée centrale [2]. Les deux voyageurs sont partis de la Crète
pour entreprendre leurs expéditions du côté de l'Occident ;
mais ils se sont mis en route à des époques différentes et les
chemins qu'ils ont suivis ne sont pas les mêmes. Melkarth n'a
pénétré dans la Méditerranée occidentale qu'après la chute de
l'empire des Atlantes et il ne s'est pas éloigné des côtes de
cette mer. Héraclès, le héros libyen, a surtout voyagé dans
l'intérieur des terres ; il ne conduisait pas une flotte, mais des
convois de chariots. C'est lui qui a atteint le premier le détroit
qui est à l'entrée de l'Océan. De là il est allé jusqu'à la Grèce
en ouvrant une voie à travers les Alpes : il a parcouru toutes
les terres qui entourent la Méditerranée de l'ouest, sans parler de son voyage dans les Indes.

Et cependant la route qu'il a suivie ne mesure que la moitié
de l'aire où les Libyens ont étendu leur action. En arrivant
aux conquêtes de cette race illustre, on verra qu'ils ont égale-

1. Diodore, IV, 21, § 1.
2. Voir au chapitre VI de cette étude.

ment visité les terres que baigne la Méditerranée orientale. Un jour, un de leurs chefs, la reine Myrina, partit avec eux des bords de l'Océan et s'en alla du côté de l'Égypte. Elle les conduisit en Syrie et en Asie Mineure pour les ramener jusqu'au rivage de l'Archipel, si bien qu'il achevèrent le tour complet de la Méditerranée ; et toutes ces expéditions sont des faits véritables que l'histoire doit connaître.

CHAPITRE V

L'exploration géographique que l'on vient de terminer, et qui a conduit nos recherches à travers le domaine des Atlantes, dans les montagnes auxquelles ils ont donné leur nom, dans l'Afrique du nord et sur les terres de l'Europe occidentale, nous a révélé peu à peu le rôle historique de ce peuple, sa parenté avec les hommes des dolmens et ceux des tumulus, ses relations avec les Ibères et avec les Libyens qui étaient de la même race que lui, sa place au milieu des populations européennes et son action prépondérante dans les guerres qui eurent la Méditerranée pour champ de bataille, au XIVᵉ siècle. Tous ces faits sont racontés dans les livres de l'antiquité classique, mais ils étaient presque inintelligibles avant que les inscriptions égyptiennes eussent révélé le grand rôle des Libyens.

Lorsque les monuments de la vallée du Nil ont appris à la science qu'il y eut autrefois une nation des Lebou qui habitait sur les côtes de la Méditerranée occidentale, lorsqu'ils ont raconté que ce peuple eut une marine puissante, qu'il arma contre l'Égypte de redoutables coalitions, qu'il associa à ses entreprises les Pélasges, les Étrusques, les Achéens et des peuples de l'Asie, ce fut comme une révélation qui jeta une lumière nouvelle sur l'histoire de l'Europe primitive. Cependant cette révélation est restée incomplète. Les inscriptions égyptiennes racontent les luttes de ce peuple ; elles ne disent pas d'où il est venu, quelle pensée l'a inspiré et quel héritage d'idées ou de richesses il a transmis aux siècles suivants. Ce sont les livres de la Grèce et de Rome qui nous ont donné ces renseignements que l'Égypte ne connaissait pas.

Pour compléter ces recherches, il reste encore deux études à faire. D'abord il faut reconnaître la place ethnographique des Libyens et l'œuvre sociale de ce peuple ; ensuite il faut raconter ses guerres. Chacune de ces deux questions sera le sujet d'un chapitre particulier.

Avant tout, il faut savoir quel était le nom véritable de ces hommes qui ont été les premiers représentants de la pensée occidentale et que l'on a appelés également des Libyens, des Ibères ou des Atlantes. Quel est, entre ces trois noms, celui qui désignait la race elle-même ? La réponse ne paraît pas difficile. Les Atlantes représentaient les chefs politiques de l'Occident : ils étaient les plus riches et les plus puissants, mais leur nom, quoique illustre, n'a jamais été rencontré hors de l'Atlas. Les deux autres, au contraire, ont eu une immense extension. Cependant, il y a une différence très grande entre les Ibères et les Libyens, si l'on regarde la place occupée par ces deux peuples. Les premiers ont été inconnus en Orient et en Afrique. Les seconds ont tenu le premier rang entre les envahisseurs occidentaux qui ont attaqué l'Égypte, ils ont donné à l'Afrique le premier nom que ce continent a porté, et ils ont occupé une grande place même en Europe.

Leur nom ne s'est pas étendu d'une tribu particulière à un groupe de peuples, comme celui des Ibères, il a toujours eu une large signification. C'est donc ce nom qui doit désigner la race tout entière, la grande race qui a partagé avec les Pélasges et les Étrusques la domination de la Méditerranée.

On peut aller plus loin encore et se demander quelle est la

signification et l'origine du nom de Libyen. Cette origine est indiquée par le caractère même du peuple qui le portait, de ces hommes qui s'établissaient sur le bord des fleuves, qui cherchaient pour leurs chevaux des vallées arrosées, et qui donnaient à leurs tribus les noms des rivières près desquelles ils habitaient. Tout cela prouve que le nom de Libyen ou de Lebou, est formé du radical *lib* ou *leb,* qui se trouve dans les mots *libare* et *libation* et qui se rencontre dans beaucoup de langues européennes. Les Libyens étaient les hommes des eaux, particulièrement des eaux vivantes. Le culte de Poséidôn, celui de Triton, de toutes les Tritonides et des Océanides, se rapporte au même souvenir. Ainsi, leur nom, comme ceux de leurs rivières, comme toutes leurs relations historiques, les rattache aux peuples européens.

Les écrivains classiques nous fournissent un certain nombre d'indications sur la vaste parenté de cette population. D'après les historiens numides, les Libyens de l'Atlas appartenaient à la même race que les habitants primitifs de l'Afrique septentrionale, c'est-à-dire les hommes des dolmens ; d'après Hérodote, les tribus libyennes du bassin du Triton descendaient des Teucriens, ce qui les rattachait aux Pélasges ; d'après Polybe, les Lebici italiens avaient la même origine que les Gaulois ; enfin les Liburnes ou Libyens de l'Adriatique étaient rangés entre les tribus illyriennes. Ces différents témoignages nous montrent donc que les Libyens se rattachaient en même temps aux populations primitives de l'Europe, les Pélasges et les Étrusques, et aux populations plus récentes comme celle des Gaulois.

Sans doute il y avait aussi des traditions qui rangeaient la même race parmi les populations orientales, celles de l'Égypte et de la Phénicie. Ces traditions résumées par Apollodore faisaient de Libuè l'épouse de Poséidôn et lui donnaient pour petits-fils, Aiguptos, Danaos, Phœnix, Cilix, Minos [1]. Mais si

---

1. Apollodore, Bibliothèque, L. II, c. 1, § 4 ; L. III, c. 1, § I. — Voir ce tableau généalogique dans le livre de M. d'Arbois, p. 112.

l'on veut bien remarquer que tous ces descendants de Libuè représentent des populations établies sur les bords de la Méditerranée orientale, on reconnaîtra que le nom de cette femme et celui de Poséidôn expriment ici une idée géographique et ne sont pas pris dans un sens ethnographique. D'ailleurs il faut bien se rappeler que les différentes races n'ont pas été séparées par une démarcation très profonde avant de s'être éloignées du berceau primitif de l'humanité. C'est à cause de cela que la science a de la peine à distinguer bien les Sémites et les Chamites qui vivaient des deux côtés de l'isthme de Suez, et qu'elle a longtemps rangé les Khétas de la Syrie parmi les Sémites, quoiqu'ils soient parents des Pélasges. Pour les Libyens, dont le domaine s'étendait des frontières de l'Égypte au centre de la Gaule, il est naturel qu'ils aient été comptés en même temps parmi les peuples de l'Orient et parmi ceux de l'Occident.

Il n'est pas possible, pour expliquer les relations multiples et la vaste parenté de cette population, de soutenir qu'il y avait plusieurs groupes de Libyens appartenant à des races différentes : un groupe se rattachant aux Européens, un autre qui appartiendrait aux peuples chamites, un troisième qui serait apparenté aux Basques. Cette distinction n'est appuyée sur aucun fait précis, tandis que l'unité de la race libyenne ressort d'une façon éclatante quand on regarde le nom qu'elle porte, la nomenclature qu'elle a laissée dans son ancien domaine géographique, l'unité de mœurs qu'elle a montrée partout, et surtout cette grande unité historique qu'elle a manifestée dans ses entreprises et dans ses luttes contre l'Orient. Quand on suit l'histoire des guerres dirigées par les Libyens et les Pélasges contre les Égyptiens et les Phéniciens, il n'est pas possible de ne pas reconnaître que les premiers peuples établis autour de la Méditerranée appartenaient à une même race.

Cette unité s'explique d'ailleurs quand on remarque que

l'Europe a reçu toute sa population de l'orient, soit par mer, soit par terre. L'Afrique a pu lui envoyer accidentellement quelques groupes d'envahisseurs, mais elle ne lui a pas donné un seul peuple qui ait eu chez elle une influence historique notable. Les Atlantes, les Ibères, les Libyens, ne sont pas arrivés par l'Afrique. Pour les Basques eux-mêmes rien n'autorise à croire qu'ils aient passé par ce continent. En revanche, la comparaison de leurs gaves avec ceux du Japon fait voir qu'ils sont arrivés de l'Asie par le chemin de l'Oural.

Pour compléter cette recherche, il faudrait examiner maintenant les routes qui ont amené dans l'Europe occidentale les Libyens et les autres peuples de leur race. Mais une pareille discussion demanderait un volume à elle seule, et il faut l'écarter. Il suffira de signaler quelques grands faits de cette période, qui se rattachent directement à l'histoire libyenne.

Diodore raconte que Héraclès, le chef libyen qui parcourut toute l'Europe occidentale, s'arrêta dans la Gaule pour y fonder la ville d'Alésia; la cité glorieuse qui a soutenu la dernière lutte de l'indépendance celtique contre César, et il ajoute que cette ville fut la mère de toutes les cités gauloises [1]. Cela veut dire d'abord qu'Alésia comptait entre les centres populeux les plus anciens de la Gaule, et qu'un grand nombre de villes ont pris le même nom. Or il est facile de s'assurer que le fait est exact. Aujourd'hui encore, à ne compter que les villes ou les villages, il y a plus de vingt-cinq localités qui portent des noms dérivés de celui d'Alésia. Toutes ces localités ont une origine ancienne et un certain nombre d'entre elles ont des débris de l'époque celtique. Elles sont particulièrement nombreuses dans la vallée du Rhône et de la Saône, sur la route des Libyens. Celles de la Saône s'élevaient autour du bassin herbeux qui fut un des séjours préférés de ce peuple de cavaliers.

D'après Diodore, le nom d'Alésia viendrait du mot grec

1. Diodore, IV, 19, §§ 1 et 2.

ἄλη, qui signifie erreur, et il aurait été donné à la ville gauloise parce qu'elle était bâtie dans une région où Héraclès s'était égaré : la tradition qui avait fait un Grec de Héraclès, le héros européen, remplissait sa légende de souvenirs helléniques. Elle ne se trompait qu'à moitié sur ce chef, mais l'explication qu'elle donnait du nom d'Alésia n'était pas exacte. Ce nom avait une origine plus glorieuse. C'est celui d'Élisa, petit-fils de Japhet, le frère de Dodanim, dont le nom a été porté à Dodone, celui de Tharsis qui transmit le sien à la région argentifère de Tartesse et celui de Kéthim dont on connaîtra plus loin la fortune. Ces noms ont été apportés en Europe, en même temps que celui de Japhet que les Grecs nommaient Japet, et dont ils faisaient le père commun de leur race et de celle des Atlantes. C'est en souvenir d'Élisa que les habitants primitifs de la Gaule donnèrent le nom d'Alésia ou Alise à un grand nombre de leurs cités.

A cause de cela, la terre gauloise fut d'abord appelée le champ Élysien (Ἡλύσιον πεδίον). C'est le champ Élysien d'Homère, « qui est situé à l'extrémité de la terre..... le séjour où les hommes mènent une existence facile, qui ne connaît ni la neige, ni la pluie, ni les longs hivers, et où l'Océan envoie constamment une brise bienfaisante qui rafraîchit les hommes [1] ». La Grèce avait connu ce pays, comme elle avait connu l'Atlas, par les marchands pélasges qui le visitaient et qui en avaient admiré la richesse. Plus tard la notion géographique rapportée par ces voyageurs se modifia en s'associant à des notions d'un autre ordre. Le champ Élysien, situé du côté du couchant, du côté de la nuit qui rappelle le repos et aussi la mort avec la vie future, devint le séjour des bienheureux comme les îles Fortunées. Il y a tout un cycle de traditions se rapportant au couchant et servant de pendant à un autre cycle qui se rapporte à l'orient : les anciens aimaient à localiser, ou mieux, à orienter leurs idées.

1. Homère, *Odyssée*, IV, 563-568.

Ces souvenirs, qui se rattachent au champ Élysien, prennent des proportions trop étroites si l'on prétend que ce nom a été emprunté à la tribu ligurienne des Elésyces ou Elisucoi [1], qui s'était établie à l'ouest du Rhône, dans le pays où Narbonne s'éleva plus tard. Ni cette tribu, ni le pays qu'elle occupa, n'ont rien qui puisse expliquer une illustration pareille. Le nom des Alise gauloises et celui du champ Élysien remontent beaucoup plus haut, jusqu'à cette émigration japhétique qui vint occuper les terres méridionales de l'Europe et les deux rebords de la Méditerranée occidentale ; ils remontent jusqu'à la première période de l'histoire européenne.

A cette date lointaine, les souvenirs réveillés par les écrivains grecs se rattachent directement au récit de Moïse. Celui-ci raconte que la branche japhétique à laquelle appartenaient Kéthim, Dodanim, Élisa et Tharsis, se partagea les terres et les îles [2], ce qui veut dire naturellement qu'elle eut une marine et qu'elle émigra par mer. C'est surtout par la Méditerranée et avec leurs bateaux, la première flotte qui ait jamais existé, que les hommes de cette race occupèrent l'une après l'autre les terres de l'Europe méridionale et les deux rebords des colonnes d'Hercule. Cette flotte est celle avec laquelle les Atlantes franchirent un jour l'Océan. C'est celle aussi avec laquelle les Libyens et les Pélasges dominèrent la mer Intérieure longtemps avant les Phéniciens. C'est encore la même qui conduisit leurs puissantes expéditions contre l'Orient. Toutes les traditions de la Grèce et de l'Égypte sont unanimes à reconnaître cette puissance maritime des Européens primitifs. Avec ces traditions et avec le récit de Moïse, on peut suivre l'histoire de ces peuples navigateurs, depuis leur première apparition jusqu'au jour où ils ont été vaincus par les Orientaux.

D'un autre côté, on voit que les peuples navigateurs de la

---

1. Avienus, *Ora maritima*, 584-586. — Hécatée, *Frag. hist. græc.* t I, p. 2, frag. 20.
2. Genèse, X, v. 4.

première époque s'allièrent avec des peuples cavaliers qui leur apportèrent une puissance nouvelle. Les deux populations se réunirent pour former l'empire des Libyens ou des Atlantes. Les Lebou, contre lesquels combattirent les Égyptiens, étaient également habiles à conduire leurs chars de guerre et leurs navires; partout ils se présentent avec ce double caractère. En conséquence, il faut reconnaître que ces deux populations avaient entre elles une parenté rapprochée, une communauté étroite de langue, de mœurs et de traditions. Mais il est certain aussi que les peuples cavaliers ne sont pas arrivés par les mêmes routes que les peuples marins ; c'est sur des terres différentes qu'ils avaient fait leur première éducation. Les premiers sont arrivés par l'intérieur de l'Europe, par la vallée du Danube. Ce sont eux, en particulier, qui étaient les vrais Libyens. On peut s'en assurer en voyant la place géographique occupée par les tribus libyennes de la vallée du Pô et de la Gaule; elles étaient dans l'intérieur des terres pour la plupart.

Pour aller plus loin et pour déterminer exactement la place historique de cette population, il faudrait examiner successivement les différentes colonnes d'émigrants qui arrivèrent les unes après les autres dans les terres de l'Occident, celles qui entrèrent en Europe par le Bosphore, par le Caucase ou par l'Oural ; celles qui suivirent la vallée du Danube ou les bords de la Baltique ; celles qui arrivèrent avec des troupeaux de chèvres ou de moutons seulement pour aller plus vite, et celles qui apportèrent des sacs de blé; celles qui connaissaient des métaux, et celles qui avaient des instruments de pierre, soit qu'elles fussent trop barbares, soit qu'elles habitassent des pays où le métal manquait. Ces questions ne peuvent être résolues que par une discussion géographique complète qui n'a pas encore été faite. Ce n'est pas le moment de l'entreprendre ici.

Les Libyens, qui ont rencontré dans la Gaule les populations primitives de cette contrée, les hommes des dolmens et les fondateurs des Alise, ont connu également les Celtes. Ils ont transmis à ces derniers la nomenclature géographique de leur pays avec leur héritage. Plusieurs tribus comme celles des Salasses et des Libici ont compté en même temps dans les deux races. Les Gaulois ont emprunté à leurs prédécesseurs des usages qui sont devenus chez eux des traditions nationales, celui des chars de guerre par exemple. Toutes les tribus gauloises, celles de l'Italie et celles de la Gaule, se sont servies de ces chars. Ils étaient encore en usage dans la Grande-Bretagne à l'époque de César [1], et les Celtes de l'Irlande les ont gardés jusqu'aux premiers siècles de notre ère [2]. Le culte des eaux, celui des sources en particulier, qui s'est maintenu dans la Gaule jusqu'à l'époque chrétienne, vient également des Libyens. A cet égard, si l'on songe à la vénération que les Indiens ont pour le Gange, on reconnaît que l'aire de ce culte, comme celle des dolmens, est aussi vaste que le domaine des Indo-Européens.

D'ailleurs la tradition mettait l'arrivée des Celtes dans la Gaule vers l'époque même des Libyens. Elle racontait que Héraclès, après avoir fondé la ville d'Alésia, avait épousé la fille d'un grand chef de la Celtique ; le fils du héros qui s'appela Galatè, donna son nom à ses sujets [3]. D'après cette tradition, la race gauloise serait arrivée vers le temps où les Sicanes passaient en Italie, et elle serait apparentée avec l'ancienne population des Ibères et des Libyens. Diodore, qui a recueilli ce souvenir, s'était particulièrement occupé des Celtes, et son opinion ne peut être ruinée par celle des autres écrivains qui n'ont parlé d'eux qu'en passant, quoique son récit ait besoin d'être soumis à une critique sévère.

On peut apprécier l'importance de ses informations par un détail géographique très précis qu'il donne sur le domaine de

---

1. Tite Live, L. X, c. 28, § 9. — César, *de Bello.* G. L. IV, c. 24 ; L. V, c. 9.

2. D'Arbois de J., *Les Celtes et les langues celtiques.* — *Revue archéologique,* 1882, p. 153.

3. Diodore, V, 24, § 1.

cette race. Après avoir dit qu'elle s'étendait jusqu'à la Scythie, qu'elle se partageait en deux branches les Celtes à l'ouest, et les Galates à l'est, et qu'elle possédait beaucoup d'or, il nous apprend que les Gaulois tiraient ce métal d'une région montagneuse, où les rivières le déposaient en abondance dans des alluvions entassées au fond des vallées [1]. Cette indication, qui ne peut s'appliquer à aucune contrée de la Gaule proprement dite, se rapporte aux montagnes de la Transylvanie actuelle, à ces massifs que les Valaques nomment Ardelia, d'un nom qui rappelle celui des Ardennes. C'était de là que les Gaulois tiraient l'or employé pour les *torquès* de leurs chefs.

Le problème soulevé par l'apparition de ce peuple dans l'Europe occidentale est à moitié résolu quand on sait que les premières populations établies dans ce pays appartenaient à la même race que lui. Il n'est pas venu remplacer des nations étrangères, d'origine basque ou africaine, et son arrivée n'a pas amené un changement de direction à l'histoire de cette contrée. Il a été l'héritier et le continuateur des Ibères et des Atlantes. Il a seulement apporté un nom nouveau à la terre qui s'était d'abord appelée le champ Élysien et qui avait ensuite appartenu aux Libyens.

Cependant son établissement, dans les contrées voisines de l'Océan, coïncide avec la révolution qui ruina l'empire des Libyens et marque une nouvelle période dans l'histoire des Occidentaux. Lorsque les victoires des Égyptiens et des Phéniciens eurent brisé la puissance des Atlantes, les peuples de l'ouest, ceux de l'Espagne, de la Gaule, de l'Italie et de l'Atlas, rompirent la fédération qui les unissait entre eux ; ils n'eurent plus de puissantes flottes pour tenir tête aux marins de l'Orient, et ils durent renoncer au grand commerce qui avait fait leur fortune. Il y eut un arrêt forcé dans leur développement national, parce qu'ils durent abandonner la mer à leurs rivaux pour tourner leur activité du côté de l'intérieur. C'est alors

1. Diodore, V. 27, § 1.

que le nom des Libyens fut oublié et que celui des Celtes commença à paraître. Mais la nation libyenne n'est pas rentrée dans l'ombre avant d'avoir ramassé une grande fortune et d'avoir accompli une œuvre dont l'histoire doit tenir compte.

La première cause de la puissance des Libyens établis dans l'Atlas, c'est que ce peuple possédait les mines qui se trouvent des deux côtés des colonnes d'Hercule, et qu'il acquit bientôt celles que l'on rencontre plus loin le long de l'Océan. Il devint le principal, sinon l'unique fabricant de bronze et le fournisseur métallurgiste de l'Europe occidentale. La grande quantité d'armes apportées sur les champs de bataille de l'Égypte prouve que ces armes sortaient nécessairement d'un centre industriel établi en Occident. Ce n'étaient pas les marchands de Sidon qui pouvaient les fournir aux Libyens et à leurs alliés, puisque la Phénicie soutenait le parti de l'Égypte. D'ailleurs les Phéniciens ne sont devenus de grands marchands de métaux qu'après avoir dépossédé les Libyens de leurs mines. D'un autre côté, il est impossible d'admettre qu'il y eut, dans l'intérieur de l'Europe, un courant commercial assez puissant pour exporter, des usines de l'Asie, une pareille quantité d'armes. Il est donc certain que le premier bronze employé par les Occidentaux a été produit par les forges de l'Atlas.

Les prêtres de Saïs ont donné des détails très curieux sur cette fabrication des Atlantes. « Ce peuple, racontaient-ils, recevait en guise de tribut beaucoup de richesses qui lui venaient du dehors. En outre, leur île en fournissait de plus grandes encore pour tout ce qui est nécessaire à la vie, en premier lieu celles qui sont données par les mines, les métaux solides et ceux que l'on fond. Il y en a un qui n'est connu aujourd'hui que de nom, mais qui avait alors une grande importance. C'est le bronze de montagne (ὀρείχαλκος) que l'on trouvait dans leur île sur beaucoup de points : après l'or, c'était le plus estimé des métaux [1]. » Les Atlantes s'étaient servis de ce bronze pour la colonne sur laquelle ils avaient gravé leur constitution.

Ce texte ne prouve pas seulement que les Atlantes fabriquaient eux-mêmes leur bronze, il fait encore connaître la métallurgie primitive. Le nom d'oreichalcos, qui a embarrassé la science [2], est expliqué par le passage qui parle des métaux qui se fondaient et de ceux qui ne se fondaient pas. Il devait désigner, dans le principe, le cuivre pur [3], comme celui que les explorateurs mystérieux de l'Amérique septentrionale exploitèrent vers les grands lacs de ce continent. C'est sur des métaux d'une qualité pareille que la métallurgie primitive s'était exercée d'abord. Mais les forgerons de l'Atlas apprirent bientôt à fabriquer du bronze véritable, car les monuments de l'Égypte nous montrent que les armes des Libyens étaient semblables à celles des anciens Gaulois.

Les Atlantes tiraient l'étain dont ils avaient besoin, des terres du nord, de la Grande-Bretagne. Denys le Periégète raconte que « les îles occidentales où se forme l'étain appartenaient aux riches enfants des Ibériens illustres [4] ». C'est en allant chercher ce métal dans les montagnes des Bretons, qu'ils y portèrent le nom de Dee ou Deva qui se répète le long de la route occidentale suivie par les conquérants, comme ceux de Dore et de Bœtis jalonnaient la route orientale, comme celui de Triton marquait la grande voie du midi. Ces longues traînées de noms qui partent de l'Atlas pour rayonner dans trois directions différentes, sont de véritables monuments qui racontent les expéditions des Atlantes.

C'est avec ce bronze, aussi bien celui qu'ils envoyèrent sur

1. Platon, *Critias*, p. 256, lig. 13-19.

2. Henri Étienne, Dicti. Ὀρειχάλκος

3. On a trouvé des objets de cuivre dans les dolmens de l'Algérie. Tchihatchef, Algérie, p. 147,

4. *Orbis descriptio*, vers 563-4, *Geographi Græci Minores*, édition Didot, t. II, p. 140.

les marchés que celui qu'ils portaient sur les champs de bataille, que les maîtres de l'Atlas fondèrent leur vaste empire.
Leurs alliés et leurs sujets étaient surtout leurs tributaires
commerciaux. Solon racontait que leurs provinces avaient été
partagées entre Atlas et ses neuf frères dont il a donné les
noms, en les traduisant en grec comme le texte le remarque.
Tous ces chefs avaient un pouvoir sans limite dans leurs domaines respectifs et portaient le titre de roi. Ils étaient seulement tenus d'observer la constitution donnée par Poséidôn
et de se réunir à des époques déterminées dans le temple
de ce héros, qui était dans la capitale [1]. Ces détails que l'on
pourrait prendre à la lettre, prouvent que l'empire des Libyens
formait plutôt une sorte de confédération. Ils expliquent aussi
comment s'organisèrent les grandes coalitions dirigées
contre l'Égypte ; ces expéditions qui dénotent, dans leur
marche, un plan manifeste, avaient été concertées dans les
conseils tenus à Cernè. Les peuples qui y prirent part s'entendirent d'autant plus facilement qu'ils appartenaient tous à la
même race : les Occidentaux commençaient à avoir une pensée commune.

Les Libyens ne durent pas seulement leur fortune à la supériorité de leur armement, à leur cavalerie, à leurs chars de
guerre, à leurs armes en bronze, à leur entente ; leur supériorité morale et intellectuelle fut aussi pour beaucoup dans
leurs succès. Cette supériorité attestée par l'organisation de leur
famille, était reconnue par les peuples qui les entouraient. « Ils
avaient l'amour de la vérité et des grandes choses, disaient les
prêtres égyptiens ; c'était avec prudence qu'ils se conduisaient,
au milieu des hasards de la fortune, et qu'ils réglaient leurs
rapports entre eux ; ils n'estimaient que la vertu et regardaient
le reste comme peu de chose [2]. » Ce témoignage n'est pas une
simple fiction poétique : dès les premiers jours, les popula-

1. *Critias*, p. 259, l. 48, etc,
2. *Critias*, p. 260, l. 50-54.

tions européennes ou occidentales ont montré une vigueur morale qui explique la part qu'elles ont prise dans l'histoire.

Pour les Atlantes, on comprendra mieux leur rôle et leur influence, si l'on connaît d'abord la capitale de leur empire. La description que Platon en a donnée, d'après le poème de Solon, n'est pas entièrement fictive, et l'on a besoin de la connaître pour s'expliquer les inscriptions, les dessins, les ruines diverses que les anciens habitants de l'Atlas ont laissés sur cette terre. La ville s'élevait dans une campagne fertile qui mesurait 2,000 stades de largeur en partant de la mer, c'est-à-dire de l'ouest à l'est, et de 5,000 stades de longueur, du nord au sud, ce qui fait environ 3° de large et 5° de long[1]. C'était le domaine agricole du roi des rois qui résidait à Cerné.

D'après ces chiffres, ce domaine devait comprendre toute la région qui s'étend entre la vallée du Sous et celle du Draa. Il était entouré d'un canal continu qui mesurait 10,000 stades de développement (environ 1,850 kilomètres). Solon pensait qu'un pareil canal n'avait pu être ouvert de main d'homme. Il avait raison, car il s'agissait simplement d'un réseau de rivières qui entouraient presque totalement cette campagne, et que l'on peut voir sur la carte : lorsque le Sous et le Draa étaient alimentés par des eaux abondantes, leurs cours et ceux de leurs affluents traçaient une enceinte de rivières presque complète autour de cette campagne. Un autre canal, long de 50 stades, profond de 100 pieds et large de trois arpents (93 mètres environ), servait de port à la ville. Ce port, d'où l'on partait pour aller aux terres situées au delà de l'Océan, devait se trouver sur le Triton occidental. « Il était rempli de navires et de marchands venus de tous les pays ; nuit et jour, il retentissait de cris et de tumulte, de bruit, tant la foule y était nombreuse[2]. »

La ville était une opulente cité, entourée d'une triple en-

1. *Critias*, p. 252, l. 45-51.
2. *Critias*, p. 258, l. 38-42.

ceinte. On y voyait de riches édifices, et surtout le fameux temple de Poséidôn, qui représentait en quelque sorte l'art libyen. Le monument mesurait une stade de longueur et deux arpents de large. Il avait d'ailleurs quelque chose de barbare dans l'aspect. Tout l'extérieur était couvert d'argent, sauf le faîte, dont les ornements étaient en or. A l'intérieur, les lambris avaient de riches décorations d'or, d'argent, de bronze et d'ivoire. Tout le reste, les murailles, les colonnes et le sol, était couvert de bronze. La merveille de ce temple était la statue du héros. Poséidôn était représenté assis sur un char traîné par six chevaux ailés ; il était si grand qu'il atteignait le plafond de l'édifice. Autour de lui cent autres statues représentaient des néréides portées sur des dauphins. Tout cela était en or ou doré. Dans l'enceinte du temple, on trouvait également la colonne de bronze sur laquelle était gravée la constitution des Atlantes.

Cerné était en même temps un grand marché et un centre artistique. Elle eut aussi des écoles fameuses. Atlas a été renommé dans toute l'antiquité pour ses connaissances en astronomie. « On raconte, disait Diodore, qu'il avait étudié à fond la science des astres et qu'il communiqua le premier aux hommes la connaissance de la sphère. A cause de cela, l'opinion se répandit qu'il portait le monde sur ses épaules ; le mythe rappelait qu'il avait inventé et décrit la sphère[1] ». L'amour de la science fut d'ailleurs héréditaire dans sa famille. Son premier ancêtre Ouranos, c'est-à-dire le Ciel, qui doit être le même que Japet ou Poséidôn, avait commencé à étudier les astres[2]. Son fils Hesperos continua ces études[3]. Un jour que ce dernier avait gravi le mont Atlas pour faire ses observations, il fut enlevé par une tempête. Pour ces chefs qui commandaient à un peuple de marins, la connaissance de

1. Diodore, III, C. 60, § 2.
2. Diodore, III, C. 56, §§ 3-4.
3. Diodore, III, C. 60, § 3. — Son frère d'après une autre tradiuction.

l'astronomie était un devoir de la royauté. Ils furent les fondateurs d'une véritable école scientifique, et cette école doit compter entre les plus illustres de l'antiquité. On y enseignait en même temps l'astronomie et la géographie.

Elle a laissé autre chose que des souvenirs. Pour l'astronomie, on connaît les théories d'Ouranos. « Cet observateur attentif des astres savait prédire bien souvent ce qui devait arriver dans le ciel : il avait fait connaître à la foule comment on mesure l'année par la marche du soleil, et les mois par celle de la lune, et aussi comment les saisons se répètent chaque année. » Il avait donc dressé un calendrier complet et régulier, dont les divisions se calculaient en même temps sur le double mouvement de la lune et du soleil. Pour la géographie enseignée à Cerné, on a vu la magnifique description de la terre que les prêtres de Saïs avaient empruntée à cette école. C'est la plus ancienne et une des plus belles leçons qui aient jamais été enseignées, et Atlas, à qui on la doit, mérite véritablement d'être regardé comme le premier professeur de géographie.

Héraclès alla un jour étudier à cette école. Il avait aidé le roi des Atlantes à défendre les provinces libyennes, les Atlantides, comme disait la légende, contre les attaques de l'Égypte. En récompense de ses services, il demanda à l'illustre maître des leçons d'astronomie, et il fit de tels progrès dans cette science, qu'il put suppléer Atlas et porter, à son tour, le monde sur ses épaules : il enseigna ces connaissances à ses compatriotes de la Grèce [1]. Ce héros qui allait si loin pour s'instruire, et qui se faisait payer ses services par des leçons, ne venait pas de Tyr, c'était bien un Européen.

Il n'est pas le seul voyageur illustre qui ait visité l'Atlas pour y chercher des connaissances. Thymétès, contemporain d'Orphée, et petit-fils du roi teucrien Laomédon, « parcou-

----

1. Diodore, IV, C. 27, §§ 4-5.

rut la Libye jusqu'à la terre occidentale qui touche l'Océan[1] ».
Il fit ce voyage à une époque où l'empire des Atlantes arrivait à la dernière période de son existence. Il venait d'un
pays qui avait de nombreuses relations avec les terres libyennes, car la Phrygie, la Troade en particulier, joua un
grand rôle dans les guerres des Lebou : on le verra plus loin.
Le savant Phrygien alla demander aux Atlantes des renseignements sur Dionysos ou Bacchus, un autre chef libyen,
qui avait été élevé dans l'île de Nysa, sur les bords du Triton
occidental, suivant les traditions africaines [2].

A son retour, il composa un poème qui fut appelé le
Chant phrygien. « Il se servit de la langue et des caractères
archaïques, » c'est-à-dire de la langue et de l'écriture des
Pélasges. Il appartenait à cette école pélasgique, qui fut la
première école européenne, et dont les autres représentants
furent Linus, Orphée et Pronapidès, le maître d'Homère,
d'après la légende. Si les œuvres de cette école ont disparu,
on ne peut pas dire qu'elle a été sans influence : elle a certainement contribué à fixer les vieilles traditions dont l'école
hellénique nous a conservé le souvenir. On en comprendra
mieux le rôle quand la science aura déchiffré les nombreuses
inscriptions que la période pélasgienne nous a laissées.

Dionysos, le héros chanté par Thymétès, ressemble à Héraclès : il appartient en même temps aux populations de l'Asie
occidentale, de l'Europe et de la Libye. Comme le vainqueur
de Chrysaor et des Ligures, il traversa tout le domaine des
Japhétiques en partant de l'Atlas pour aller jusqu'aux Indes.
Mais il ne suivit pas le même chemin que son rival, et l'histoire de son expédition est étrangère à cette étude. Il suffit de
remarquer que cette expédition donne une nouvelle preuve
des vieilles relations qui ont existé entre les peuples établis
sur la vaste zone courant de l'Atlas à l'Himalaya. Il est même

1. Diodore, III, 67, § 5.
2. Diodore, III, 68, § 5, et L. III, 65, § 4.

curieux de constater que tous ces souvenirs montrent l'action des populations occidentales sur le pays de l'Inde plutôt que l'influence des Orientaux sur les peuples de l'Occident. Enfin, un dernier trait qui frappe dans toutes ces traditions, c'est la grande place qu'elles assignent aux peuples de l'Atlas et à son école scientifique ou religieuse.

L'existence de cette école n'est pas une fiction : on peut s'expliquer comment elle a été créée et reconnaître les résultats qu'elle a laissés. Les populations qui s'établirent dans la montagne africaine y arrivèrent par mer, c'est-à-dire avec une certaine provision de richesses qu'ils apportaient de l'Orient et qu'ils purent renouveler. Ils commencèrent donc leur œuvre dans des conditions meilleures que les peuples établis dans l'intérieur des terres, et ils allèrent plus loin qu'eux pour la science et les arts aussi bien que pour l'industrie. Les inscriptions et les dessins rencontrés dans l'Atlas et dans les Canaries sont des vestiges de cette œuvre. S'ils paraissent grossiers, et s'ils répondent mal aux souvenirs des anciennes légendes, il faut se reporter à l'époque où vivaient les Atlantes, et se rappeler que les monuments libyens commencent à peine à être connus. A mesure que l'on avancera dans cette recherche, on verra que l'empire de l'Atlas a eu une grande influence sur les peuples de la Méditerranée occidentale.

L'école de l'Atlas n'a pas une moindre importance pour le monde américain. Déjà on a remarqué de nombreuses ressemblances, au moins des analogies frappantes, entre les monuments du Mexique et ceux de l'ancien monde, de lointains rapports avec les œuvres de l'Égypte ou même de la Toscane. C'est par les voyages des Atlantes que ces rapports s'expliquent. Lors même que les monuments de l'Amérique seraient d'une date relativement récente, le point de départ de la civilisation qu'ils représentent a pu être beaucoup plus ancien, soit que les Atlantes aient laissé des colonies dans ce pays, soit qu'ils aient transmis certaines notions aux indigènes qui l'habitaient [1].

Les mêmes souvenirs peuvent se retrouver également dans les traditions américaines, particulièrement dans les calendriers des Mexicains et des Péruviens. En interrogeant ces traditions, on y reconnaîtra peut-être l'influence des leçons d'Ouranos. Alors on verra comment les connaissances recueillies par les premiers hommes se sont transmises jusqu'au Nouveau-Monde, en partant de la Chaldée et en passant par l'Atlas. Tous les continents de l'univers ont eu une part de cet héritage scientifique.

Il est certain, d'ailleurs, que beaucoup de voyageurs partis de l'Atlas sont restés de l'autre côté de l'Atlantique. Les courants qui dirigeaient leur marche quand ils traversaient l'Océan en venant de Cerné, leur devenaient contraires quand ils voulaient revenir. Ces courants se replient du côté du nord-ouest ; après avoir longé les côtes du Mexique et frappé l'embouchure du Mississipi, ils vont se perdre dans l'Océan. Les marins atlantes étaient audacieux, mais ils n'étaient pas assez expérimentés pour résister aux vents qui les entraînaient hors de leur route. Beaucoup allèrent périr au milieu de l'Atlantique. Les autres durent se fixer dans l'Amérique du nord, où les flots les avaient poussés.

1. M. Charnay, dont les belles découvertes sont connues de tout le monde savant, et qui vient de terminer ses explorations dans le Mexique, pense que les monuments de ce pays sont de date relativement récente. Une des preuves les plus remarquables sur lesquelles il appuie cette opinion, c'est qu'il a trouvé un cavalier représenté avec son cheval sur un bas-relief de Kabah, et que cette représentation serait postérieure à l'arrivée des Espagnols en Amérique. Il ne peut être question de discuter ici l'opinion du savant explorateur, quoiqu'il soit difficile de s'expliquer comment le peuple qui a élevé les monuments mexicains s'est évanoui si rapidement en face des Espagnols. L'auteur de cette étude demande seulement à soumettre une observation à l'illustre voyageur. Le bas-relief de Kabah, qui représente un cavalier, ne serait-il pas un simple souvenir qui aurait été laissé en Amérique par les Atlantes ; ne rappellerait-il pas les anciennes visites faites au Nouveau-Monde par les hommes de l'Atlas, qui étaient en même temps des marins audacieux et d'habiles cavaliers?

La chose est certaine. On peut même suivre les traces de ces exilés sur le sol de l'Amérique. En arrivant sur les côtes septentrionales du golfe du Mexique, on rencontre des tumulus qui rappellent ceux de l'ancien monde [1].

Plus loin, dans la vallée du Mississipi, ces tertres funéraires se comptent par milliers et forment une traînée qui se prolonge jusqu'à la latitude des grands lacs. Ces *mounds,* comme les appellent les Américains, occupent une aire géographique isolée au milieu du continent. La ligne centrale, pareille au tronc d'un arbre, s'appuie sur le golfe du Mexique, et se développe le long du fleuve, tandis que les branches se ramifient sur les affluents de celui-ci. Une pareille distribution montre que les constructeurs des tumulus, — les mound-builders, — sont arrivés en Amérique par le golfe du sud, et qu'ils ont débarqué sur la côte où le courant transocéanique vient aboutir.

Il n'est pas possible d'entreprendre ici l'étude de ces monuments et de rappeler les révélations qu'ils ont déjà faites à la science. Mais en voyant qu'ils suivent le cours des fleuves, en apprenant des Américanistes que les hommes des mounds appartenaient à une race supérieure ; qu'ils confectionnaient des tissus ; qu'ils ornaient leurs ustensiles de sculptures ; qu'ils figuraient sur leurs dessins le soleil et les astres ; qu'ils traçaient quelquefois les contours de leurs tertres de façon à représenter des animaux, même l'éléphant, quoique cet animal fût inconnu en Amérique, et qu'ils allèrent exploiter les mines de cuivre du bassin de Saint-Laurent ; en face de ces résultats merveilleux, on peut affirmer que les constructeurs des mounds étaient des Atlantes, et que la solution des problèmes historiques de l'ancienne Amérique se trouve dans l'Atlas. La grande montagne africaine sur laquelle le maître

---

1. Squiers, *Ancient monuments of the Missisipi valley.* — Jonh Short, *The North american of antiquity.* — Fontpertuis, *Les anciennes civilisations américaines, Revue de géographie,* avril, août, 1881.

d'Héraclès avait placé son observatoire, a des horizons qui arrivent aux limites les plus lointaines.

Cependant les Atlantes exilés en Amérique ont disparu. Ils devaient être peu nombreux. S'ils ont construit un si grand nombre de tumulus, c'est qu'ils avaient groupé autour d'eux des indigènes dont ils firent leurs serviteurs et peut-être leurs esclaves. La nature inhospitalière de la côte méridionale où ils avaient débarqué, les inondations et les fièvres de ce littoral, le besoin de se procurer des métaux, et aussi le désir de voir des terres nouvelles, entraînèrent ces hommes du côté du nord. Ils y trouvèrent un climat auquel leur race n'était plus habituée. Bientôt les souffrances, les luttes de toute sorte et, peut-être aussi, l'insurrection de leurs sujets les décimèrent. A la fin, ils ont disparu sans laisser d'héritiers, mais non sans avoir écrit sur le sol l'histoire de leurs lointaines explorations.

Au point de vue purement géographique, les voyages des Atlantes en Amérique permettent de constater un fait d'une grande importance : Comme leur route maritime les amena dans le golfe du Mexique, sur les côtes du Yucatan et à l'embouchure du Mississipi, il en résulte que les courants qui traversaient l'Atlantique à l'époque où ces voyages avaient lieu, suivaient exactement la direction qu'ils ont aujourd'hui. En conséquence, il est certain que l'Océan n'était pas barré par une terre sur la ligne qui va de l'Atlas au golfe du Mexique. C'est une nouvelle preuve, une preuve directe et physique, établissant que l'Atlantis des légendes n'a jamais existé, et que la terre de ce nom n'est pas autre chose que l'Atlas.

L'influence des Atlantes, qui s'est étendue sur l'Amérique et sur l'Europe occidentale, arriva aussi jusqu'à l'Orient. A cause de leur réputation de savoir, on leur emprunta non seulement des connaissances scientifiques, mais aussi des croyances religieuses. Comme la plupart des pays qui ont eu des centres d'étude dans l'antiquité et qui ont joué un grand rôle politique, l'Atlas a eu également son école religieuse dont l'influence a été considérable. Si l'on accepte les traditions recueillies par Diodore [1], cette école a donné une théogonie complète. C'est une théorie naturaliste en partie, qui place à l'origine des choses Ouranos et Titea surnommée Gaïa, c'est-à-dire le ciel et la terre, et qui leur donne pour fils ou petits-fils les Titans, ainsi que Hélios et Sélénè, le soleil et la lune. Mais ces traditions, qui avaient été défigurées par les âges, ne représentent pas les croyances primitives de la race libyenne ; pour apprécier ces croyances, il faut remonter à l'époque où les Atlantes communiquaient aux habitants de la Grèce et aux Égyptiens le culte d'Athènè.

Ce fut la reine Tii qui apporta ce culte dans la vallée du Nil [2]. Les inscriptions égyptiennes racontent que cette reine appartenant à une race étrangère dont le type libyen est nettement indiqué, introduisit chez son nouveau peuple le culte d'Aten, un nom dans lequel il est impossible de ne pas reconnaître celui d'Athènè. Cette divinité était représentée par le disque solaire. C'est une représentation qui se retrouve en même temps dans les traditions religieuses de l'Égypte, de la Libye et dans celles de l'Amérique centrale ; on peut en suivre la trace sur la longue ligne qui court de la Chaldée au Pérou.

Cependant le nom d'Aten, à l'époque de Tii, désignait encore le Dieu unique et sans rival. Aussi le parti de la reine fit fermer en Égypte les temples des autres dieux. Ce fut une sorte de révolution qui fut bientôt suivie d'une réaction puissante. Le fait prouve que les anciens Libyens avaient conservé plus intactes les croyances des premiers hommes, particulièrement la croyance en Dieu. C'est un trait qui leur est commun avec la plupart des anciens peuples de l'Europe occidentale. Le même souvenir donne aussi une splen-

1. Diodore, III, 56.
2. Lenormant, II, p. 209 et 211.

deur nouvelle au nom de la cité athénienne. En réalité, quoique la tradition fût peut-être obscurcie déjà au moment où la ville fut fondée, le nom qu'elle porte désigna d'abord celui que saint Paul vint lui rappeler plus tard, et qu'elle nommait elle-même le Dieu inconnu [1].

Les savants ont comparé le nom d'Aten à celui d'Adonaï que les Hébreux nous ont fait connaître. Mais les Israélites n'ont connu le nom d'Adonaï qu'au moment de leur sortie de l'Égypte [2], à une date postérieure au règne de Tii. Il faut donc donner une autre origine aux noms d'Aten et d'Athènè ; ils peuvent venir du radical *ath* qui est indo-européen, et qui signifie brûlé ou brûlant [3] ; ils rappellent que Athènè fut primitivement représentée par le disque solaire.

L'origine libyenne d'Athènè n'est pas seulement démontrée par ces traditions, l'archéologie en a même trouvé une preuve directe. En 1880, on a découvert à Athènes une réduction de la statue de Phidias représentant cette déesse [4]. Or, cette statue a conservé des traces de couleur qui indiquent le type ethnographique d'Athènè. Les cheveux y sont peints en jaune, la pupille des yeux est bleue, les sourcils et les cils sont marqués par des lignes rouges. Tous ces traits, qui sont étrangers à la race hellénique, rappellent directement le type libyen des représentations égyptiennes. Ils expliquent aussi l'épithète classique de Minerve aux yeux bleus γλαυκῶπις. Les auteurs classiques ont interprété cette épithète en disant qu'Athènè représentait l'air, et que le bleu de ses yeux était celui du ciel [5]. Mais la vraie explication de ce fait est historique ; il rappelle, avec l'origine de cette divinité, l'ancienne

---

1. *Actus Apostolorum*, C. 17, v. 23. — Le fait est indirectement confirmé par Hérodote qui affirme que les dieux de la Grèce étaient d'origine peu ancienne (L. II, C. 53).

2. Exode, C. 6, V. 3.

3. Darmsteter, *Ormazd et Ahriman*, p. 55.

4. *Revue archéologique*, janvier 1881.

5. Diodore, 1, 12, § 8.

alliance et même la parenté des premiers habitants d'Athènes avec les Libyens.

D'un autre côté, les inscriptions égyptiennes qui font connaître l'histoire de Tii donnent une portée plus grande au passage de Platon dans lequel les prêtres de Saïs racontent que leur ville avait été fondée par la déesse Neith, « la même que l'Athènè des Grecs [1] ». C'est à cause de cela que les habitants de Saïs se disaient les amis et presque les parents des Athéniens. Le même fait est également rapporté par Diodore, mais sous une autre forme [2].

Toutes ces traditions, qui se complètent mutuellement, rappellent les anciennes relations des Atlantes avec les Égyptiens et avec les Pélasges. C'étaient les Libyens eux-mêmes qui avaient apporté dans le Delta et à Saïs le culte d'Aten. C'étaient eux qui y avaient raconté l'histoire de l'Atlas et qui en gardèrent le souvenir dans ce pays. On dirait même que les savants auxquels Solon avait emprunté son récit appartenaient à leur race. Ils parlaient de l'empire des Atlantes, non comme d'un ennemi qui avait combattu l'Égypte pendant plusieurs siècles, mais comme d'une nation dont la gloire les intéressait. A son tour, le législateur athénien avait partagé leur admiration. Le récit du *Critias* tout entier n'est qu'un long éloge des Libyens de l'Atlas. C'est à la dernière époque de leur existence seulement, que s'applique le blâme dont le récit du *Timée* a conservé le souvenir. D'après ces témoignages, celui de Solon et celui des savants égyptiens, les Atlantes ont été un des peuples les plus illustres qui aient habité sur les bords de la Méditerranée dans les temps anciens. La science moderne confirmera ces témoignages et donnera aux Libyens une belle place dans l'histoire.

1. Timée, p. 159, l. 52.
2. Diodore, **V.** 57, § 5. — 1, 28, § 4.

CHAPITRE VI

LES GUERRES DES ATLANTES ET LA RUINE DE LEUR EMPIRE.

Les luttes des Atlantes étaient racontées très longuement dans le poème de Solon, et dans le *Critias* de Platon. C'était un vaste tableau qui passait en revue la plus grande partie des peuples établis autour de la Méditerranée. « La plupart des nations barbares, dit Platon, et celles qui vivaient alors dans la Grèce, paraissent à leur tour dans la suite du récit ; elles s'y présentent chacune à sa place [1]. » On y retrouverait presque tout entière l'histoire primitive de l'Europe occidentale. Au lieu de cette belle étude, dont la perte est irréparable, il ne nous reste plus, pour connaître ces guerres, que des documents incomplets, les inscriptions égyptiennes, le récit de Diodore et le résumé très court que Platon a donné dans le *Timée*. C'est par ce dernier qu'il faut commencer.

Les savants égyptiens, après avoir rappelé la grandeur de l'empire fondé par Atlas, continuaient ainsi : « C'est alors, ô Solon, que votre puissante cité fit éclater aux yeux de tous sa force et sa vertu. Elle était supérieure à toutes les autres par son courage et son habileté dans l'art de la guerre ; elle était à la tête des villes grecques ; mais elle fut obligée de combattre seule, parce qu'elle fut abandonnée par les autres. Cependant elle s'exposa aux derniers dangers, triompha des envahisseurs

1. *Critias* p. 252, 1. 1-3.

et dressa des trophées. Ainsi elle détourna la servitude loin de ceux qui n'avaient jamais été asservis, et, à nous tous qui habitons en deçà des colonnes d'Hercule, elle assura généreusement la liberté [1] » C'est à la suite de cette victoire qu'arriva le cataclysme qui engloutit l'armée des Athéniens et ruina la la terre des Atlantes.

Le premier point à déterminer dans ce récit, c'est la date des événements qu'il rappelle. C'est par là que commence la narration du *Critias* [2] « Tout d'abord, dit le texte, rappelons ce fait essentiel que neuf mille ans se sont écoulés depuis que cette guerre est survenue entre ceux qui habitaient hors des colonnes d'Hercule et ceux qui habitaient en deçà. » En lisant ce passage on ne doit pas être surpris que les Atlantes soient placés hors des colonnes d'Hercule : il fallait franchir le détroit pour aller à leur capitale, et c'est par cette voie que leur flotte entrait dans la Méditerranée. Quant à la date indiquée, cette information avait été fournie par les prêtres de Saïs. Ces derniers étaient d'autant plus sincères que les Égyptiens n'ont jamais eu de chronologie régulière, ce que l'on appelle une ère. Solon accepta cette indication sans la discuter, parce qu'elle donnait à son récit plus d'indépendance et plus d'intérêt poétique. Mais l'histoire a besoin de vérifier cette date.

Cette vérification a été faite déjà en grande partie : on sait que les Atlantes étaient les contemporains de Tyrrhéniens et Hérodote nous a appris que l'on parlait encore d'eux de son temps. Outre cela on peut s'assurer, par le récit de Platon, que les prêtres de Saïs avaient corrigé eux-mêmes leur erreur. Ils avaient déterminé d'une façon assez précise la date des événements en disant qu'ils avaient eu lieu après l'introduction en Grèce du culte d'Athènè, du temps des rois Cécrops, Erechthée, Erichtonios, Erysichton et des autres chefs qui avaient

1. *Timée*, p. 202, l. 25-41.
2. *Critias*, p. 25!, l. 49.

vécu avant Thésée [1] « Solon disait que les prêtres désignèrent par leurs noms la plupart de ces chefs en racontant la guerre qui arriva alors. Ils nommèrent également des femmes. L'image, la statue d'Athènè, qui date de cette époque, où les soins de la guerre étaient communs aux hommes et aux femmes, se montre tout armée à cause de cet usage. »

Le passage est plein de révélations curieuses. Il nous apprend d'abord que les chefs de la Grèce qui vécurent depuis Cécrops (première moitié du XVI⁰ siècle), jusqu'à Thésée, (commencement du XIII⁰) étaient nommés dans le récit de cette guerre. Il est donc certain que l'invasion des Atlantes n'eut pas lieu à la date où la plaçait la première indication, mais du temps de ces chefs. D'un autre côté, on voit que la lutte ne fut pas une invasion passagère, mais une guerre qui dura plusieurs siècles. Or, si l'on consulte l'histoire de l'Égypte, on apprend que les invasions libyennes arrivèrent exactement à la même époque et qu'elles eurent la même durée. C'est au XVI⁰ siècle, du temps de Tii, que les Lebou commencèrent à se montrer en face des Égyptiens et leur dernière grande lutte eut lieu sous Ramsès III, vers la fin du XIV⁰ siècle. Il est donc établi que les guerres des Atlantes sont identiques à celles des Libyens. La lutte racontée par Solon est celle qui ensanglanta le bassin de la Méditerranée pendant le XV⁰ et le XIV⁰ siècle, et qui enleva la domination de cette mer à la race européenne des Libyens et des Pélasges.

Ce n'est pas tout, on peut remarquer que la période de l'histoire grecque qui va de Cécrops à Thésée est précisément celle où les Égyptiens unis aux Phéniciens dominèrent dans une partie de la Grèce. Athènes en particulier, dont le port avait la plus grande importance pour eux, fut solidement occupée par ces étrangers, et soumise au joug le plus dur. Elle devint le centre de leur domination, et elle dut jouer le plus grand rôle dans la guerre des Libyens. Quand les flottes de

---

1. *Critias*, p. 252, l. 43-54.

l'Occident partaient de l'Italie et de la Sicile pour se diriger contre l'Égypte, les Phéniciens établis au Pirée occupaient la position la plus favorable pour les surveiller et les arrêter. Les prêtres de Saïs ont donc raconté un fait véritable en disant que l'armée d'Athènes avait arrêté les Atlantes : cette armée sortait d'Athènes, mais elle n'était pas athénienne.

Enfin le même récit nous apprend que la grande cité grecque avait déjà le culte d'Athènè à l'époque de ces guerres, et que ce culte lui fut apporté par un peuple chez lequel les femmes se battaient comme les hommes. Ces détails confirment ceux qu'Hérodote nous a donnés sur l'origine libyenne du culte d'Athènè. Ils achèvent de démontrer la parenté des Pélasges établis primitivement à Athènes avec les Libyens de l'Afrique et de l'Europe occidentale. Ils expliquent aussi la vieille légende qui attribue la fondation d'Athènè au roi Cécrops originaire de Saïs. La cité athénienne avait été fondée à l'époque où les Libyens dominaient la Méditerranée et envahissaient le Delta où se trouvait Saïs. Elle avait été une des premières places de la confédération des Libyens et des Pélasges, et c'est à cause de cela qu'elle avait été attaquée la première par la flotte phénicienne. C'est dans les mers qui l'entourent que commença et que finit la lutte dirigée par les maîtres de l'Atlas.

En face de ces révélations, les guerres libyennes prennent un caractère de grandeur que les inscriptions égyptiennes ne dévoilaient pas tout entier. Elles n'eurent pas seulement pour théâtre les mers et les terres qui entourent l'Égypte; elles s'étendirent à tout le bassin de la Méditerranée; à la Grèce où les Phéniciens établirent leur domination violente pendant deux siècles environ; à l'Italie, à la Gaule, à l'Espagne, où les Ibères avaient porté leurs conquêtes. Tous ces faits se tiennent. L'Atlas lui-même fut ensanglanté par de longues luttes. Les Libyens y combattaient les Berbères qui triomphèrent plus tard avec l'aide des Phéniciens. Parfois aussi ils se battaient entre eux pour se disputer la suprématie

et la possession du marché métallique de l'Occident. Les
luttes furent particulièrement violentes au moment où arrivèrent les peuples de cavaliers qui voyageaient avec des chariots et qui élevaient des tumulus sur les tombes de leurs
morts. C'est seulement après l'apparition de ces peuples que
commencèrent les invasions contre l'Égypte.

L'arrivée de ces Libyens de la seconde époque est racontée
par Diodore de Sicile. C'est celle de la nation des Amazones.
A ce moment les Atlantes avaient perdu leurs provinces méridionales, l'île d'Hespérie, qui avait été enlevée par les Éthiopiens. En même temps, ils étaient attaqués par les Gorgones,
le peuple de Méduse et de Chrysaor, et par des tribus nomades, c'est-à-dire par des Gétules berbères. Les Amazones
de la tribu la plus puissante survinrent au milieu de ces luttes.
« Elles prirent d'abord les cités de l'île (d'Hespérie), excepté
Mena [1].

» — Ensuite elles combattirent contre de nombreux Libyens
des contrées environnantes et contre les nomades. En
même temps, elles fondèrent sur le Triton une grande ville
qu'elles nommèrent Chersonèse.

» — Après ces succès, elles formèrent de plus vastes pro-
jets, et bientôt l'ambition les entraîna à conquérir une
grande partie de la terre.

» Tout d'abord elles attaquèrent les Atlantes, les hommes
les plus paisibles de ce pays, une nation qui possédait une
riche contrée et de grandes villes. Myrina, la reine des Amazones, réunit une armée de 30,000 fantassins et de 2,000 cavaliers (ce chiffre est fautif), car dans leurs guerres, ces
femmes attachaient une grande importance à la cavalerie.
Elles portaient pour armes défensives des peaux de serpent...
et comme armes offensives, des épées, des lances et des arcs.
Elles entrèrent dans le pays des Atlantes et remportèrent une
victoire sur ceux qui habitaient la ville de Cernè. Ensuite elles

1. Diodore, III, 53, § 6, ch. 54.

se jetèrent dans la place avec les fuyards. Pour épouvanter les autres, elles traitèrent cruellement les vaincus et tuèrent tous les hommes en état de porter les armes.

» — La nouvelle du désastre subi par les Cernéens se répandit dans toute la nation. Alors, les Atlantes effrayés se hâtèrent de capituler ; ils livrèrent leurs villes et s'engagèrent à obéir à tous les ordres des vainqueurs. »

Myrina fit relever la ville qu'elle avait détruite et lui donna son nom. Ensuite, à la demande des Atlantes, elle attaqua les Gorgones et remporta sur elles une victoire qui lui livra 3,000 prisonnières. Celles-ci s'aperçurent un jour qu'elles étaient mal gardées et se révoltèrent. Mais elles furent exterminées après avoir tué cependant un grand nombre de leurs ennemis. « Alors Myrina fit brûler sur trois bûchers le corps de ses compagnes qui avaient succombé et les fit ensevelir sous de grands tertres que l'on appelle encore aujourd'hui les tumulus des Amazones [1]. » Cependant les Gorgones restèrent puissantes jusqu'au moment où Persée vainquit Méduse.

« Pour Myrina, on raconte qu'elle traversa une grande partie de l'Afrique et qu'elle pénétra en Égypte où elle fit un traité avec Horus, fils d'Isis. »

Ces Amazones qui portaient la tunique en peau de serpent, c'est-à-dire le vêtement quadrillé des Libyennes, l'égide d'Athènè, ces conquérantes qui avaient une cavalerie nombreuse, et qui formèrent le projet de soumettre une grande partie de la terre, représentent évidemment les Lebou des inscriptions égyptiennes et les Atlantes du poème de Solon. La légende de Diodore confirme donc ces deux récits et les complète en même temps. Elle fait connaître l'arrivée dans l'Atlas des nouveaux envahisseurs et le caractère de cette race.

Cependant elle défigure les événements en les rapportant tous à une seule époque et à un même personnage. Il s'était écoulé de longues années entre l'époque où les nouveaux

1. Diodore, l. III. c. 55, § 2.

Libyens s'étaient emparés de l'Atlas et celle où ils avaient envahi l'Orient ; malgré cela, la tradition attribuait toutes ces
conquêtes à Myrina. En réalité le nom de cette reine était
une personnification de la race libyenne, et ses exploits ré-
sumaient les conquêtes de cette race dans l'Afrique du nord
et en orient. La légende de Myrina complétait celle d'Hercule. Pour les deux héros le procédé avait été le même. On
avait condensé les événements et les dates autour de leurs
noms, afin que la mémoire en conservât plus facilement le
souvenir. Ces vieilles légendes ressemblent aux images rédui-
tes par la photographie : elles étaient plus portatives ; mais
l'histoire a besoin de les développer pour rendre aux faits
leurs véritables proportions.

Les Libyens de Myrina ne détruisirent pas l'empire des
Atlantes. Ils s'en déclarèrent plutôt les protecteurs. C'est au
nom des anciens maîtres de l'Atlas qu'ils firent leurs conquêtes. S'ils donnèrent à Çernè celui de leur reine, la métropole africaine reprit bientôt son ancienne dénomination ; on
l'a vu. Leurs rivaux de la nation des Gorgones n'ont pas été
moins célèbres qu'eux dans l'antiquité.

La reine de ce peuple portait le même nom que Médus, le
chef légendaire de la Médie [1], et celui-ci se nommait comme
Madai, le fils de Japhet [2], le premier chef de la nation médi-
que. Le même nom se retrouvait encore chez les Scythes qui
avaient eu un roi nommé Maduas [3]. Ce qui donne de l'importance à ce nom de Méduse, c'est qu'il rappelle directement
les Mèdes des traditions numides. D'un autre côté, ces Libyens
qui voyageaient avec des chariots rappellent également les
peuples de la Scythie : dans ces vieilles traditions, il y a des
souvenirs multiples qui reportent en même temps la pensée
vers les Japhétiques de l'Atlas, vers ceux de l'Europe centrale

1. Diodore, V, 55, § 5.
2. Genèse, X, v, 2.
3. Hérodote, I, c. 103.

et ceux de l'Asie. Méduse eut pour fils, outre Chrysaor, le maître des mines, Pégase, le conducteur des héros et des poètes. Déjà l'enseignement classique a cru que ce coursier devait être un navire ; c'était plutôt un chef de la flotte libyenne.

En suivant ces souvenirs, dont la discussion complète demanderait de longues explications, on ne peut s'empêcher de remarquer que les tumulus de la vallée du Danube, ceux qui jalonnent la grande route européenne, s'appellent des *gorgans* ou *gorganè*, et que les tertres funéraires de la Russie méridionale se nomment des kourgans. Y aurait-il quelque rapport entre le nom des gorganès et celui des Gorgones ? Il serait peut-être téméraire de l'affirmer, mais il importe de signaler cette ressemblance.

Quant à Persée qui combattit Méduse, et qui fut le chef des Perses dont parlaient les Numides, on sait qu'il arriva de la Phénicie à l'époque où l'empire libyen fut ruiné. Il emmena avec lui Pégase, c'est-à-dire la flotte libyenne, et il emporta comme un trophée la tête de Méduse ; il alla la fixer sur le bouclier d'Athènè. C'était l'époque où Athènes appartenait à la Phénicie. Mais il s'écoula plusieurs siècles entre le départ de Myrina pour ses conquêtes et l'arrivée de Persée. C'est dans cet intervalle qu'eurent lieu les attaques des Libyens contre la vallée du Nil.

Ces guerres des Lebou, telles qu'elles sont racontées par les monuments égyptiens, présentent un des événements les plus merveilleux de l'histoire, et il en est peu qui aient eu un théâtre aussi vaste. Elles groupèrent dans les mêmes entreprises les Tyrrhéniens de l'Italie, les Achéens de la Grèce, les Teucriens de l'Asie Mineure, les Khétas de la Syrie et tous les peuples de la Libye, c'est-à-dire des pays situés sur les deux rebords de la Méditerranée occidentale.

Les différentes campagnes de cette lutte ne sont pas moins remarquables par les vastes armements et par les sanglantes batailles qui les signalent. Il y eut des combats sur mer et sur terre, de grandes armées et de grandes flottes équipées par la coalition. Les armées se portèrent sur l'Égypte par une double voie ; les unes arrivèrent par l'Afrique en suivant les côtes septentrionales de cette terre ; les autres s'avancèrent par la Syrie. Les flottes partaient de la Grèce, de l'Italie, de la Sicile, de tous les rivages de la Libye. Rien qu'à voir la grandeur de ce mouvement on devine qu'il obéit à une puissante direction et qu'un intérêt de premier ordre est en jeu.

Cette étendue même des expéditions libyennes prouve qu'il ne peut être question ici de raconter en détail la guerre dans laquelle elles s'accomplirent. Pour cela il faudrait entreprendre des discussions historiques et géographiques s'étendant à tout le bassin de la Méditerranée. Au lieu de cette vaste recherche, il suffira d'indiquer la physionomie générale de la lutte et les grands événements qui la remplissent. Il faut voir aussi combien les traditions que la Grèce avait recueillies sur cette guerre sont d'accord avec les récits des monuments égyptiens.

Les expéditions accomplies sur terre étaient résumées dans la légende de Myrina, qui a été conservée par Dionysios et rapportée par Diodore [1]. « On raconte, dit ce dernier, que Myrina envahit une grande partie de la Libye. Elle se jeta sur l'Égypte, et Horus, fils d'Isis, qui gouvernait alors ce pays, fit un traité avec elle. »

« Ensuite elle alla faire la guerre aux Arabes et en tua un grand nombre. Elle soumit la Syrie.

» Les Ciliciens, au contraire, s'avancèrent au-devant d'elle, avec des présents, et s'engagèrent à obéir à ses ordres. Alors elle les déclara libres. Après cela, elle combattit contre les nations du Taurus, qui étaient renommées à cause de leur puissance. Enfin, elle traversa la Grande-Phrygie et arriva jusqu'à

---

1. Diodore, III, 55, § 4 et suivants.

la mer. Là, elle conquit les pays qui sont vers le rivage, et ses conquêtes s'arrêtèrent au Caïque. »

La dernière partie de ses expéditions eut pour théâtre l'Archipel et ses îles, particulièrement Samothrace et Lesbos. A la fin elle fut tuée par les Thraces. Plus tard, les débris de sa nation rentrèrent en Libye.

Les événements qui remplissent ce récit sont multiples. Ils ont été rapprochés les uns des autres parce qu'ils se rapportent tous à l'histoire des Libyens ; mais ils appartiennent à des époques et à des entreprises fort différentes. Avant tout ils rappellent les grandes coalitions qui ont réuni contre les Égyptiens les peuples de l'Afrique du nord et ceux de l'Asie occidentale. Ils mettent surtout en relief les luttes de l'Asie, et ils permettent de mesurer le théâtre immense sur lequel s'est déroulée l'histoire des Atlantes. La période historique dans laquelle les Libyens et les Pélasges ont dominé la Méditerranée, a vu toute une série de guerres ; les guerres occidentales, celles des Ibères contre les Ligures et celles des Libyens contre les Berbères ; ensuite les guerres orientales qui se partagent en trois groupes, les guerres asiatiques, les guerres égyptiennes et les guerres maritimes.

Les luttes de Myrina en Syrie et en Asie Mineure résument assez clairement les guerres asiatiques. Elles montrent surtout l'extension du domaine japhétique sur les terres qui entourent la Méditerranée orientale, dans des pays que l'on attribuait exclusivement aux Sémites et aux Chamites. Les contrées de la Syrie intérieure et de l'Arabie septentrionale elles-mêmes, où la reine libyenne porta ses armes, ont des monuments qui rappellent ceux de l'Europe occidentale et de l'Atlas. On rencontre des monuments mégalithiques dans le Hauran, à l'est du Jourdain, et dans le Kasim, à l'est de Médine. On peut donc se demander si les hommes qui ont élevé les dolmens de la Syrie et les cromlechs de l'Arabie n'existaient plus à l'époque où Myrina visita ces pays. La

station du Hauran qui se trouve dans le voisinage immédiat
de la Mésopotamie, a dû être la première des colonies que
les hommes des dolmens ont laissées derrière eux en s'éloi-
gnant du côté de l'occident, et elle rattache directement ces
colonies au berceau primitif de l'humanité.

A côté de ces faits sur lesquels il n'est pas encore possible
de prononcer un jugement définitif, il en est d'autres qui présentent le caractère d'une authenticité indiscutable. Il est certain que Myrina rencontra une nation japhétique puissante
dans la Syrie septentrionale et dans les montagnes qui séparent
ce pays de l'Asie Mineure. Là, dans la chaîne de l'Amanus,
s'étaient établis les Khétas qui furent les alliés des Lebou et
dont l'origine japhétique, aussi bien que le rôle, n'a été reconnue que depuis peu [1]. Ils sortirent de ces montagnes
pour étendre leurs conquêtes dans une double direction du
côté de la Syrie et du côté de l'Asie Mineure surtout. Ici ils
suivirent exactement la même route que Myrina ; passèrent
par la Cilicie, dont les peuples devaient être de même race
qu'eux, franchirent le Taurus, traversèrent toute la péninsule et vinrent s'établir dans les contrées du nord-ouest qui
touchent au Bosphore et à l'Hellespont, jusque vers la région
de Smyrne.

Dans ce domaine occidental, qui devint comme leur foyer
principal, ils ont laissé de nombreux monuments. Ils ont gravé
sur les rochers des sculptures barbares qui rappellent celles
de l'Atlas, et qui devront être comparées avec ces dernières.
Ces sculptures asiatiques sont également accompagnées d'inscriptions hiéroglyphiques qui pourraient bien avoir quelque
analogie avec celles que l'on trouve sur les bords de l'Océan.
Les relations des deux contrées étaient encore marquées par
le culte de Rhéa ou de Cybèle, qui appartenait en même
temps au Panthéon de l'Atlas et à celui de la Phrygie [2].

1. Lenormant, t. II, p. 221.
2. Diodore, III, 58, § 1.

Mais tous ces faits se rattachent à des questions qu'il faut ajourner.

Les Khétas tiennent le premier rang dans les luttes engagées contre les Égyptiens à l'époque de Ramsès II. Ils firent à ce prince plusieurs guerres dont la plus longue dura quatorze ans. Leurs armées, qui furent successivement commandées par les rois Mothanar et Khétasira, comptaient de nombreux chars de guerre ; une d'elles en avait 2,500. C'est une nouvelle preuve établissant la parenté de ce peuple avec les Libyens et avec les nations de l'Europe occidentale. La lutte se termina par un traité dans lequel on régla non seulement les différends politiques, mais aussi les intérêts commerciaux et industriels des deux empires. Ce détail rappelle que les guerres entreprises par la ligue japhétique avaient pour cause principale une question de commerce. Ramsès, qui attachait un grand prix à l'alliance des Khétas, épousa une fille de Kéthasira : c'est par l'habileté de leur politique autant que par la force de leurs armes que les Orientaux finirent par ruiner la ligue de leurs adversaires.

Les Khétas représentent donc, au point de vue historique, un élément des plus considérables de la confédération méditerranéenne, et on doit les mettre presque sur le même rang que les Pélasges et les Libyens. Au point de vue ethnographique, ils n'occupent pas une place moins importante. Comme leur nom l'indique, ils étaient de la race de Céthim ou Kéthim, fils de Javan et frère des japhétiques méridionaux, Dodanim, Elisa et Tharsis. C'est une de leurs colonies qui porta le nom de Citium dans l'île de Chypre dont ils exploitèrent les mines de cuivre. Ils représentèrent la branche la plus orientale, la plus ancienne de ces peuples, et la position de leur domaine nous montre comment l'émigration maritime, qui a pris possession des terres de la Méditerranée, s'est opérée. C'est sur le bras de mer qui sépare l'Amanus et le Taurus méridional de l'île du Cuivre, que furent lancés les premiers navires des émigrants. Ceux-ci s'en allèrent en longeant la côte dentelée de l'Asie Mineure, d'abord jusqu'à la Crète qui fut une de leurs principales stations, ensuite jusqu'aux terres de l'Occident. On peut suivre cette voie d'émigration depuis les côtes de Syrie jusqu'à l'Atlas.

D'après les documents égyptiens, les Khétas avaient le teint rosé, moins clair cependant que celui des Tamehou, et les cheveux noirs. Ils appartenaient à la race brune des Européens, tandis que les Lebou appartenaient à la race blonde. Toutefois les uns et les autres reconnaissaient leur parenté, et c'est à cause de cela qu'ils se sont associés dans les luttes séculaires de la guerre du bronze. Un des grands résultats de cette guerre, c'est qu'elle a amené tous les Japhétiques méditerranéens, les bruns et les blonds, en face des scribes royaux des Pharaons, et ces scribes ont inscrit leurs noms dans les archives de l'Égypte en y joignant leurs portraits. Ces registres d'état civil tenus sur des tables de granite que le temps n'a pu ruiner, nous permettent de comprendre les anciennes traditions de la Grèce, et de refaire l'histoire primitive du bassin de la Méditerranée.

Dans leurs luttes contre l'Égypte, les Khétas entraînaient avec eux les Ciliciens, les Lyciens, les Cariens, les Méoniens, les Dardaniens. Sauf les Cariens, peut-être, tous ces peuples appartenaient à la famille pélasgique libyenne. Les Mysiens et les Méoniens étaient pélasges. Les Lyciens avaient pour ancêtre Lucos, petit-fils d'Atlas par sa mère[1]. Il y avait même une cité nommée Libyssa ou Libyenne dans la Bithynie, au nord-ouest de Nicomédie[2]. D'ailleurs l'Asie Mineure avait été le premier centre de la race des Pélasges. Les plus célèbres et les plus influents entre les Japhétiques restés dans ce pays, étaient les peuples de la Troade, les Teucriens et les Dardaniens, qui eurent un rôle prépondérant dans la ligue des Mé-

1. Hellanique, *Frag. hist. græc.*, frag. 56, t. I, p. 52.
2. Ptolémée, l. V, I, p. 313.

diterranéens. Leur terre, qui a été illustrée par des événements si nombreux, avait eu des rapports directs avec les régions de la Libye, celles de l'Atlas en particulier. Hérodote, on se le rappelle, racontait que les Maxues du Triton étaient les descendants des Troyens et Diodore disait que les derniers débris de la nation de Myrina étaient retournés en Afrique.

Les champs de Troie, aujourd'hui encore, gardent des monuments qui confirment directement ces souvenirs, car ils sont parsemés de tumulus qui rappellent ceux du pays des Atlantes. Entre ces tertres funéraires il doit y en avoir un qui couvre la tombe de Myrina. « En avant de la ville, disait Homère, il y a une colline élevée, qui se montre isolée dans la plaine et au milieu des champs de manœuvres. Les hommes donnent à cette colline le nom de Bateia, mais les immortels l'appellent la tombe de Myrina[1]. » La grande reine, qui avait enterré ses compagnes dans les champs de Cernè, était venue mourir dans la plaine d'Ilion, et les tombes de ces illustres mortes qui se dressent aux deux extrémités de la Méditerranée gardant les mêmes souvenirs, prouvent les anciennes relations des pays de l'Atlas avec ceux de l'Ida.

Pour Homère, qui ne connaissait pas les Amazones d'Afrique, Myrina appartenait à la nation établie sur le Thermodon. C'est que les deux peuples se rattachaient à la même race. Les Amazones du Thermodon, comme celles de la Libye, comptaient entre les populations japhétiques du bassin de la mer Méditerranée. Elles ont même eu une grande influence sur ces populations. Elles étaient une branche de la nation scythique chez laquelle les femmes suivaient leurs maris à la guerre[2], comme le faisaient les Libyennes. C'étaient elles qui avaient introduit le cheval dans l'Asie occidentale, particulièrement dans la Syrie et dans la Mésopotamie, où cet animal

1. *Iliade,* II, v. 814-817.
2. Diodore, II, 44, § 1.

était inconnu dans les premiers siècles. Une de leurs reines s'appelait Hippolyte, la conductrice de chevaux [1]. Elles avaient donc fourni aux Khétas cette puissante cavalerie qui fit leur force principale.

C'est un grand événement que cette invasion des cavaliers japhétiques vers les terres de la Méditerranée. Leurs escadrons firent le tour de cette mer tout entière. Un jour ils sont arrivés des régions centrales de l'Europe et de l'Asie où le cheval vivait à l'état sauvage, et ils se sont avancés par les deux revers de la mer Intérieure, les uns entrant par le Caucase dans l'Asie occidentale, les autres allant par le Danube jusqu'aux Colonnes d'Hercule et à l'Atlas pour revenir jusqu'au Nil, et les deux colonnes se sont rencontrées sur les frontières de l'Égypte pour unir leurs efforts et attaquer l'empire des Pharaons.

Elle n'est pas moins étonnante, la marche de la flotte japhétique autour de cette même mer. Dans les premiers jours elle partait avec les émigrants qui s'en allaient à Citium, à Dodone, aux terres Élysiennes, à Tharsis. Atlas la conduisait jusqu'à l'Océan et bientôt après, elle allait visiter le Nouveau Monde. Au bout d'une série de siècles on la voyait revenir du côté de l'Orient : les puissants navires des Libyens, des Pélasges et des Tyrrhéniens ramenaient les Japhétiques à la terre des Khétas. Ils venaient pour barrer le passage à la flotte chamite des Phéniciens qui envahissait la mer Intérieure.

Dans ce long voyage, les enfants de Japhet avaient accompli de grandes choses. Cependant leur œuvre n'est pas racontée tout entière dans les livres. Pour compléter leur histoire, il restera à interroger les documents qu'ils ont écrits eux-mêmes. Leurs archives sont éparses sur toutes les rives de la Méditerranée, sur les roches de l'Asie Mineure, dans les montagnes de l'Atlas, en Toscane, sur les pierres des dolmens.

---

1. Diodore, II, 46, § 3.

Mais les feuilles de ces archives, aussi bien celles de l'Italie que celles de l'Afrique ou de l'Asie, sont restées lettres closes jusqu'à ce jour. Une première condition pour briser le sceau qui en garde le secret, c'est de réunir toutes les pièces de ces archives pour les comparer entre elles et de connaître les peuples qui les ont écrites.

Les attaques dirigées par la ligue libyenne contre l'Égypte et contre la Méditerranée orientale sont mieux connues que les autres événements de cette histoire : elles sont longuement racontées dans les inscriptions égyptiennes.

Cependant les monuments pharaoniques ne font pas connaître les causes véritables non plus que les derniers résultats de cette rivalité sanglante, et la science moderne qui ne consulte que ces monuments, s'explique mal les guerres des Pélasges et des Libyens au XVe et au XIVe siècle. Elle n'y a vu qu'un mouvement confus de peuples s'agitant comme au hasard, pour changer de place autant que pour chercher des terres nouvelles. Sans doute les Libyens de l'Afrique septentrionale qui finirent par être à l'étroit sur la lisière habitable qui court le long de la Méditérannée, furent tentés d'émigrer pour trouver de nouveaux domaines. Quelques tribus établies dans les îles de cette mer ont pu subir le même entraînement. Mais il est certain que les Occidentaux qui possédaient les belles régions de l'Italie, de la Gaule et de l'Atlas, ne se sont pas coalisés avec les habitants de la Grèce, les Pélasges de l'Asie Mineure et les Khétas de la Syrie, simplement pour prendre des terres dans la vallée du Nil.

Ce n'est pas dans ce but que tous ces peuples ont renouvelé leurs tentatives pendant deux siècles : les invasions des barbares, qui partent seulement pour changer de place, ne se font pas avec un pareil ensemble ni avec tant de suite. Pour armer une puissante coalition comme celle dont les Lebou furent les chefs, il faut un grand intérêt ou une grande idée.

Les peuples de la Méditérranée furent entraînés par cette double impulsion et il suffit d'examiner les faits pour reconnaître les motifs auxquels ils obéirent.

En premier lieu on peut voir que toutes les nations qui s'associèrent aux Libyens étaient établies sur les bords de la mer, et que la plupart d'entre elles possédaient une marine. D'un autre côté, si l'on considère l'histoire des Lebou telle qu'elle est racontée par les inscriptions égyptiennes, et celle des Atlantes que Platon nous a conservée, on s'assure que les peuples de l'Occident, dont les domaines touchaient aux colonnes d'Hercule, furent les premiers fabricants de bronze que l'on ait jamais signalés. L'existence de cette métallurgie occidentale n'est pas une fiction, puisque les Égyptiens ont ramassé, en quantités considérables, des armes qui sortaient de ces usines, et qu'ils les ont dessinées. En conséquence, il est certain que les peuples de la Méditerranée s'associèrent d'abord pour faire le commerce du bronze. La grande ligue à la tête de laquelle se mit le peuple de mineurs qui fournissait ce métal, fut une ligue commerciale avant de devenir une ligue militaire. Tous ces faits sont nettement établis.

Il n'est pas moins certain que les Phéniciens arrivèrent un jour dans la Méditerranée pour s'emparer des mines et du commerce des Occidentaux. Leur invasion dans cette mer est fort mal connue. Elle commença vers le XVIIe siècle avant notre ère et elle n'arriva pas à l'extrémité occidentale de ce bassin avant la fin du XIIIe. Elle se fit d'abord lentement par les îles qui entourent l'Asie Mineure. Ils pénétrèrent dans l'île de Chypre qui leur fournit du cuivre, prirent celle de Rhodes qui leur donna l'entrée de l'Archipel[1], et ils arrivèrent jusque sur le littoral de la Thrace, où ils exploitèrent les mines d'or qui appartiennent au groupe de Thasos[2]. Mais ces

—

1. Ergias, *Frag. hist. græc.*, t. IV, p.405.
2. Hérodote, VI, c. 146-147.

terres d'orient ne leur donnaient pas les deux éléments qui servent à la fabrication du bronze : elles n'ont pas de mines d'étain. Pour trouver ce métal il leur fallait venir en occident et s'emparer des mines exploitées par les Libyens. Ce projet ne fut réalisé qu'après le XIII° siècle.

En rapprochant ces conquêtes des Phéniciens des guerres des Atlantes et des invasions des Lebou, on voit que les luttes de ces peuples ont eu lieu aux mêmes dates et sur le même théâtre. C'est entre le XVII° siècle et le XIII°, entre l'époque de Cécrops et celle de Thésée, que les Atlantes entreprirent la conquête de l'Orient ; c'est aux mêmes dates que les Lebou se dirigèrent contre l'Égypte ; c'est dans la même période que les Phéniciens s'ouvrirent un chemin jusqu'aux colonnes d'Hercule, et ces trois luttes se sont étendues également sur toutes les côtes de la Méditerranée, en Europe, en Afrique et en Asie ; il y a coïncidence parfaite entre ces trois séries de faits. En conséquence il faut reconnaître que toutes ces luttes sont identiques, et qu'elles ont eu la même cause. Les peuples qui y ont pris part, se sont armés à cause du commerce des métaux : cette grande guerre a été la guerre du bronze.

Les Occidentaux apportèrent d'autant plus d'ardeur à repousser l'attaque des Phéniciens, que ces envahisseurs arrivaient de l'Orient avec le culte implacable de Baal. C'est contre cette domination sanglante que les Athéniens protestèrent plus tard, quand ils prirent les armes sous la conduite de Thésée ; c'est contre elle que les Lebou formèrent leur grande ligue. Ainsi la guerre du bronze fut en même temps la lutte de deux pensées rivales, la pensée de l'Orient qui représentait la violence, et la pensée de l'Occident qui représentait la liberté.

Les Pélasges et les Libyens ne comprirent pas d'abord la grandeur du danger qui les menaçait ; ils se laissèrent enlever plusieurs terres de la Méditerranée orientale, la Crète qui

avait été un grand centre pélasgique, Athènes où les Libyens
avaient établi un de leurs entrepôts les plus considérables.
C'est après ces conquêtes de leurs ennemis, beaucoup trop
tard, qu'ils songèrent à s'unir pour repousser l'invasion. Ils
répondirent à l'attaque en prenant l'offensive et en envahis-
sant l'Égypte qui protégeait les Phéniciens.

Les Libyens ont été signalés dans le voisinage de l'Égypte
dès les temps les plus reculés : il y a des hommes blonds aux
yeux bleus représentés dans les tombes de la XIIe dynastie.
Ils devinrent menaçants depuis le règne de Séti Ier (XIXe dynastie, XVe siècle). A cette époque il y eut comme un changement
dans la politique de l'Égypte, dont les princes avaient eu des
relations pacifiques avec la puissance libyenne. La XIXe dynastie était d'ailleurs étrangère à la race royale [1]. Elle s'est particulièrement signalée par ses luttes contre les Japhétiques du
bassin de la Méditerranée. C'est elle qui a brisé la confédération formée par les Libyens, les Pélasges et ies Khétas, et qui
a donné la domination de cette mer aux Phéniciens. Les
grandes invasions des Libyens eurent lieu sous trois de ses
rois : Ramsès II, Ménephtah Ier et Ramsès III [2].

Ramsès II, Ra-mes-sou, le Sésostris des Grecs (fin du XVe
et première moitié du XIVe siècle), passa une grande partie
de son long règne à lutter contre les Libyens et les Khétas. Il
combattit d'abord les premiers au commencement de sa car-
rière, pendant qu'il administrait l'Égypte au nom de son père
encore vivant. Il remporta sur eux des succès assez décisifs

---

1. Lenormant, II, p. 219.

2. L'alliance de la XVIIIe dynastie avec la race libyenne n'est pas seulement
prouvée par l'histoire de la reine Tii ; d'autres faits l'établissent encore. Dans le
puits sépulcral de Deir el Bahari, récemment découvert, on a trouvé la tombe d'une
autre reine de cette dynastie, qui était également de race tamehou ou libyenne,
c'est celle de la princesse Hen-T-Tamehou. Enfin une scène représentée sur les
ruines de Thèbes, montre des Libyens apportant des présents à Toutmès III, non en
qualité de captifs, mais comme des alliés : (communications de M. Lefébure).
Cette situation qui rapprocha l'Égypte des Occidentaux et qui aurait modifié la
direction historique de ce pays, changea avec la XIXe dynastie.

pour les forcer à se tenir en repos jusqu'à la fin de son règne. Mais il les vit revenir à cette époque et ne put les empêcher de s'établir dans le Delta : une portion de cette province devint le domaine des envahisseurs [1].

Un des chefs libyens qui combattirent contre Ramsès II se nommait Batta. Il portait un nom qui rappelle celui de Bateia, fille du roi troyen Teucros [2] et celui de Battos [3], le fondateur de Cyrène. Ces noms sont comme une marque de la parenté des anciennes populations établies autour de la Méditerranée. Si l'on examine ceux des chefs lebou qui ont été conservés par les inscriptions égyptiennes, on voit qu'il y en a un certain nombre, la plus grande partie peut-être, qui commencent par la syllabe *mar* ou *mer*. Ce fait, sur lequel il n'est pas possible de rien dire de positif pour le moment, permet cependant de se demander si le mot *mer* ou *mar* n'est pas le radical du nom de Myrina, et si ce n'est pas de ce mot que les Numides avaient fait celui de Maure. Pour les Égyptiens *mer* signifiait chef.

Les Libyens se montrèrent particulièrement redoutables sous Ménephtah Ier, Mi-n-Phtah (XIVe siècle). Cette seconde guerre entraîna les Maxues, les Sardones, les Tyrrhéniens, les Sicules, les Achéens, et les Leka dont le nom désigne les Lyciens ou les Laconiens [4]. C'étaient les Tyrrhéniens qui étaient les promoteurs de cette nouvelle prise d'armes. Le roi des Lebou, Mermaïou, fils de Deïd, eut le commandement suprême de l'armée d'invasion. Il s'avança jusque dans la Moyenne Égypte sans rencontrer d'obstacles et en répandant l'épouvante devant lui. L'inscription de Karnak qui décrit cette épouvante, est le commentaire même du passage de Platon où les prêtres de Saïs disaient que l'Égypte eut

1. Lenormant, II, p. 243 et 286.
2. Homère, passage cité. — Diodore, IV, 75, § 1.
3. Hérodote, IV, 153.
4. Lenormant, II, p. 287.

besoin d'être délivrée d'un joug odieux. Cependant les Libyens furent battus à Paari. Ils laissèrent sur le champ de bataille environ 25,000 hommes morts ou prisonniers. Mais leur défaite ne fut pas tellement complète que le vainqueur pût se débarrasser d'eux : ils conservèrent leur domaine du Delta en s'engageant seulement à y reconnaître la suzeraineté de l'Égypte. Ces détails font supposer que l'armée confédérée devait compter au moins de soixante à quatre-vingt mille combattants, et montrent quelle quantité considérable d'armes sortait des ateliers de l'Atlas.

La troisième guerre éclata sous Ramsès III (fin du XIVe siècle). Ce fut la plus puissante de toutes : elle eut lieu en Égypte, en Syrie et sur mer. D'abord le roi égyptien se jeta sur le Delta lybien [1], où il combattit plutôt contre une population agricole que contre une armée régulière. Il y remporta des succès assez faciles, si l'on accepte à la lettre le récit des inscriptions égyptiennes. Bientôt après arrivèrent les flottes et les armées de la coalition. On comptait parmi les peuples qui avaient pris part à cette ligue, les Teucriens, les Danaoi du Péloponèse, les Tyrrhéniens, les Sicules, les Ouaschascha, qui sont peut-être les Ausoniens, et les Pélestas ou Pélasges de la Crète qui venaient d'être chassés de leur pays par les Phéniciens. Il semble, en effet, que c'est la perte de la belle île où se trouvait le marché principal de la Méditerranée orientale, qui décida les Japhétiques à reprendre les armes.

Les Teucriens, qui étaient les plus rapprochés du danger, se signalèrent particulièrement dans cette guerre. Mais l'entreprise fut mal dirigée : il était difficile pour ces peuples qui habitaient des terres éparses sur toutes les côtes de la mer Intérieure, de combiner leurs efforts et d'arriver en même temps au rendez-vous assigné. L'armée des confédérés asiatiques s'avança par terre dans la direction de Péluse où les

---

1. Lenormant, II, p. 301.

Égyptiens les attendaient. Elle entraîna avec elle les Khétas et fut rejointe par la nation des Pélestas qui avait émigré tout entière et dont la foule devint une cause d'embarras. Ramsès en profita : il cerna cette multitude, lui tua 12,500 hommes, et fit tous les Pélestas prisonniers. Pour s'en débarrasser, et aussi pour les gagner, il établit les captifs dans le pays auquel ils ont donné, peut-être, le nom de Palestine.

La flotte confédérée arriva quand l'armée de terre était déjà détruite. La bataille eut lieu près du rivage, et le roi égyptien put assister à la victoire remportée par les marins de la Phénicie qui étaient à son service. L'armée libyenne d'Afrique parut la dernière. Elle était conduite par Kapour, chef des Lebou, et par son fils Maschaschar. Après avoir surpris les Égyptiens par son invasion soudaine, elle fut battue et exterminée en grande partie. Ce fut la dernière attaque dirigée contre l'Orient par les Japhétiques de la Méditerranée. A partir de ce moment, leur ligue fut brisée. Ils continuèrent encore à lutter sur mer et dans leurs différents domaines de l'Europe et de l'Afrique ; mais ils le firent isolément et sans succès ; ils ne purent arrêter l'invasion des Phéniciens.

Les monuments égyptiens nous font connaître le commencement de cette nouvelle lutte. Une inscription, étudiée par M. Brugsch, donne la liste des villes attaquées par l'armée et par la flotte de Ramsès. L'Amanus, le pays des Khétas, fut envahi par les vainqueurs. Les marins de la Phénicie terminèrent la conquête de la Crète et de Chypre ; ils suivirent les côtes méridionales de l'Asie Mineure et y attaquèrent la Cilicie et la Lycie, deux pays appartenant à la ligue libyenne pélasgique ; sur les côtes occidentales de la péninsule, ils pénétrèrent en Carie et arrivèrent jusqu'à Samos. C'est là que s'arrêtent les renseignements de l'Égypte. Pour trouver la suite de cette guerre, il faut s'adresser aux traditions de la Grèce.

Dans ces traditions, le représentant de la Phénicie est Minos. Celui-ci ne peut être considéré comme un Pélasge et un allié des Libyens. On en a la preuve dans ce fait que le dieu Baal ou Moloch, dont le culte avait été introduit en Crète, et au nom duquel on imposa aux Athéniens le joug le plus dur, s'appelait le Minotaure. Une autre preuve établissant que Minos n'appartenait pas à la race pélasgique, c'est qu'il alla se faire tuer chez les Sicanes, dans un pays et chez un peuple qui se distinguèrent dans les luttes contre les Orientaux [1].

Si l'on veut comprendre la situation de la Grèce au moment de la chute de la confédération libyenne pélasgique, il faut reprendre le récit des prêtres de Saïs et relire ce passage où ils racontaient que la cité d'Athènes prit seule les armes contre les Atlantes et qu'elle fut abandonnée par les autres peuples de la Grèce. Ces derniers, les Danaéens et les Achéens des inscriptions égyptiennes, s'étaient prononcés pour la ligue des Occidentaux pendant que les Athéniens s'armaient en faveur de l'Égypte. C'était Minos, l'adorateur de Baal, qui commandait alors dans la ville d'Athènes, et ce fut lui qui porta le dernier coup à la marine de la ligue. On doit même admettre qu'il y eut véritablement une bataille livrée vers les parages de l'Attique, la dernière grande rencontre de la guerre du bronze.

D'ailleurs il faut reconnaître que les Phéniciens, dont le commerce enrichissait Athènes, s'étaient gagné un parti puissant dans cette ville et peut-être aussi dans le reste de la Grèce. C'est à cause de cela que Minos a été adopté par certaines traditions de ce pays, qui le représentent comme un héros national. « Il avait, raconte Diodore, une flotte puissante, avec laquelle il soumit la plupart des îles, et, le premier des Hellènes, s'empara de la domination de la mer [2]. » En outre, le personnage de Minos, comme celui d'Héraclès, est un héros multiple, dont le souvenir appartient en même temps à la Grèce et à la Phénicie.

La victoire remportée par les Phéniciens d'Athènes ruina

1. Hérodote, VII, 170. — Diodore, IV, 79, § 2.
2. Diodore, V, 78, § 3.

définitivement la puissance des Atlantes. Elle ne fut pas moins funeste aux vainqueurs, si l'on s'en rapporte au récit des prêtres égyptiens, puisque leur armée fut engloutie dans les flots. Il est inutile de chercher si une révolution géologique a véritablement bouleversé la terre hellénique vers cette époque (commencement du XIIIe siècle). Ce qu'il y a de certain, c'est que le chef de la flotte phénicienne, Minos, fut tué peu de temps après dans la Sicanie. Il est certain également que l'armée phénicienne établie à Athènes en fut chassée par Thésée, quelques années plus tard, en 1300 ou en 1233[1]. Le héros athénien commençait tout de suite la revanche des Occidentaux. Bientôt même les Phéniciens durent abandonner les terres et les mers qui avoisinent la Grèce. Leurs conquêtes de l'Asie Mineure, où ils avaient été conduits par Sarpédon, frère de Minos, ne furent pas plus durables.

Ils s'établirent plus solidement dans la Méditerranée occidentale. De ce côté ils furent guidés par Rhadamante qui avait d'abord pris part à la conquête des îles de l'Archipel et à celle de l'Asie Mineure[2]. Ce chef alla s'emparer du Champ Élysien, sur lequel les légendes de la Grèce le font régner[3]. Cette conquête lui livra le midi de la Gaule. Elle l'amena au centre des provinces européennes de l'empire libyen, sur la grande route qui relie l'Italie, la Gaule et l'Espagne. Ce jour-là, la puissance des Atlantes était définitivement brisée et la prépondérance de Melkarth s'affirmait en Occident. Héraclès le phénicien y était arrivé avec le frère de Minos, dont il était l'élève[4]. Bientôt après il atteignait les colonnes d'Hercule, auxquelles il a prétendu attacher son nom, mais où le Héraclès européen l'avait précédé depuis de longs siècles.

La dernière lutte eut lieu dans le pays de l'Atlas. C'est cette

1. Voir la discussion de cette date dans le livre de M. d'Arbois, p. 121.
2. Diodore, V, 79, § 1.
3. Homère, *Odyssée*, IV, v. 563-569.
4. Aristote, *Frag. his. græc,* t. II, p. 190, frag. 28 b.

guerre longue et sanglante, dont parlaient les historiographes de Hiempsal, et qui enleva l'Afrique septentrionale aux Libyens pour la donner aux Numides et aux Phéniciens. Elle fut commencée par les envahisseurs orientaux que les traditions africaines ont appelés des Perses, et par le chef que les légendes grecques nomment Persée. Celui-ci était un descendant de l'Égyptien Danaos qui s'était établi à Argos. Historiquement il a été le chef des peuples de Chanaan qui abandonnèrent leur pays après l'invasion des Pélestas, au moment où les Israélites allaient occuper les terres voisines du Jourdain. Les Phéniciens transportèrent les émigrants vers les terres de l'Atlas dont ils s'apprêtaient à faire la conquête. C'était le reflux qui répondait aux invasions libyennes et qui revenait sur l'Occident. Les envahisseurs devaient compter dans leurs rangs la tribu syrienne des Phérésiens dont le nom explique peut-être celui des Perses et de Persée[1]. Ce sont eux qui laissèrent dans la cité de Tigisis (Tidjist), cette inscription que les soldats de Justinien y rencontrèrent un jour et qui rappelait leur fuite de l'Orient. « Nous sommes, disaient-ils, les descendants des tribus qui s'enfuirent devant ce brigand de Josué, fils de Navé[2]. » Ils préparèrent l'établissement des Phéniciens et leur donnèrent plus tard un appui solide.

Ils refoulèrent les tribus libyennes du côté de l'ouest. Ils battirent les Mèdes ou les soldats de Méduse ; Persée tua même la reine des Gorgones dont il emporta la tête à Athènes, qui était encore soumise aux Phéniciens. Mais il ne put détruire l'empire des Atlantes. Les deux grandes tribus qui avaient eu pour reines Myrina et Méduse conservèrent leur indépendance et une partie de leurs domaines. C'est Melkarth seulement qui parvint, à la suite d'une lutte sanglante, à leur enlever les provinces situées au sud de l'Atlas sur les bords de l'Océan.

1. Opinion exprimée par l'abbé Mignot : voir le livre de M. Mercier, p. 367.
2. Procope, *de Bello Vandalico*, l. 2, c. X.

La tradition recueillie par Dionysios racontait qu'Héraclès extermina les Gorgones et la nation de Myrina, « quand il fit son voyage vers les terres de l'Occident, et quand il alla poser les stèles qui sont du côté de la Libye. Il lui paraissait dangereux, à lui qui s'était dévoué au service de l'humanité, de laisser subsister des nations qui confiaient l'autorité à des femmes [1] ». Le danger était redoutable, non pour l'humanité, mais pour les colonies phéniciennes : il y avait une antipathie irréconciliable entre les populations européennes de l'Atlas et leurs adversaires venues de l'Orient.

Celui qui ruina ces populations n'est pas l'Héraclès des premiers âges qui s'en allait combattant les monstres et les brigands. Celui-ci est le chef qui demandait des leçons d'astronomie en échange de ses services et qui ouvrait des routes nouvelles au commerce. Son nom signifie gloire de l'Orient ; il devrait être appelé plutôt le héros de l'Occident [2]. C'est son rival qui appartient à l'Orient. Ce dernier, le destructeur de l'empire des Atlantes, venait de la Phénicie. Il amenait avec lui des marchands jaloux qui fermèrent l'Atlas aux étrangers et qui condamnèrent l'Afrique à la barbarie.

Il fit la conquête des bords de l'Océan vers l'époque où le Triton occidental fut détruit et où la belle terre de Cerné fut ruinée par cette révolution. C'est à cause de cela que les Phéniciens placèrent le chef-lieu de leurs colonies océaniques, non vers le pied de l'Atlas, mais sur les bords du Lixus méridional, dans la vallée qui est arrosée par le Draa. C'est là que se trouvait leur puissante métropole qui s'appelait aussi Lixus et qui fut d'abord la rivale de Carthage, ainsi que les autres villes, les trois cents cités, comme le rapportait la tradition. C'est de ce côté, dans les vallées qui s'ouvrent entre la grande chaîne africaine et le désert, qu'il faudra chercher

1. Diodore, III, 55, § 3.
2. Il serait encore plus exact de dire que ce nom signifie gloire de l'aurore ou des premiers âges.

les vestiges laissés par les villes des Atlantes et par les
colonies occidentales des Carthaginois et des Phéniciens [1].

Quant aux Libyens, la tradition rapportée par Diodore
s'est trompée en affirmant que les illustres nations des Amazones furent exterminées par Melkarth. Ce qui est vrai, c'est
que la race libyenne se laissa enlever une grande partie de
l'Atlas et qu'elle perdit peu à peu le littoral de la Méditerranée.
Mais elle ne disparut pas tout entière, elle ne renonça pas
même à recommencer des conquêtes, malgré les sanglantes
défaites qu'elle venait d'éprouver. Outre les fugitifs qui se reti-
rèrent dans les montagnes, et ceux qui se maintinrent indépendants dans la Mauritanie occidentale, de nombreuses
tribus, encore puissantes, se dirigèrent du côté du désert et
arrivèrent jusqu'à la zone fertile que la géographie moderne
appelle le Soudan.

Les Libyens du midi se remirent à l'œuvre sans retard et
fondèrent de nouveaux empires dont l'existence n'a pas été
sans gloire. Ils organisèrent en même temps un vaste commerce qui finit par étendre ses routes jusque par delà l'équa-
teur. Bien plus, ils ont eu la bonne fortune de survivre à Tyr
et à Carthage. Les deux grandes métropoles phéniciennes
ont disparu, et aucun peuple n'est resté pour représenter
ceux qui les ont fondées ; ces peuples adorateurs de Baal
et de Melkarth, qui n'apportaient aucune idée supérieure, ont
péri tout entiers.

La race libyenne, dont l'héritage était plus riche d'idées,
a été plus heureuse. Les États qu'elle a fondés dans l'Afrique
intérieure ont existé jusque dans les temps modernes, et,
aujourd'hui encore, il y reste des populations qui en gardent le
souvenir comme une tradition nationale. Les descendants de
cette vieille race qui a traversé l'Europe à l'époque des dol-

---

1. On permettra à l'auteur d'énoncer ces derniers faits sans en donner la preuve
pour le moment : il se propose de les discuter dans une étude qui fera suite à cette
première publication.

mens, qui a créé la première flotte de la Méditerranée, et qui a ouvert la première la route du Nouveau Monde, les Japhétiques d'Afrique qui ont eu pour chefs Atlas, Héraclès et Myrina, ne sont pas tous morts. Ils y attendent les Européens pour recommencer avec eux, dans des conditions meilleures, l'œuvre de civilisation dont leurs pères ont été les premiers promoteurs dans le bassin de la Méditerranée occidentale.

Mais les Libyens de l'Afrique intérieure, malgré l'intérêt qui s'attache à leur œuvre, n'ont plus le même rôle que les anciens maîtres de l'Atlas. Les premiers ont à peine commencé une tâche que l'avenir doit reprendre, les seconds ont entrepris un travail que le temps n'a jamais interrompu, l'œuvre européenne. Leur histoire est le premier chapitre de l'histoire de l'Europe, et l'on a pu voir de quels souvenirs ce chapitre est rempli.

Cependant ces souvenirs sont imcomplets, l'histoire des Atlantes n'est pas assez vaste pour contenir tous les événements qui s'accomplirent à cette époque. Elle étend le domaine des Européens ou des Japhétiques bien au delà des limites qui lui étaient assignées ; mais elle ne renferme pas ce domaine tout entier. Avec elle, la lumière pénètre dans des âges où les historiens redoutaient de s'aventurer et dont ils abandonnaient, en quelque sorte, l'exploration aux géologues, mais cette lumière montre que la route praticable se prolonge plus loin que le champ exploré. Tout autour de cette histoire, il y a des trésors de souvenirs que l'on aperçoit de loin, des monuments qui sortent à moitié de la poussière et qui attendent les chercheurs. Il y a donc nécessité de continuer cette étude et de donner une suite au livre des Atlantes. Il est même indispensable de connaître d'avance le caractère de ces recherches futures, afin de comprendre la vraie signification des événements accomplis à l'époque des Lebou. Cette indication est donnée dans la conclusion suivante.

CONCLUSION

Ce livre a rencontré des questions multiples. Il n'a pas résolu tous les problèmes dont il a formulé l'énoncé, il a même évité d'en discuter un grand nombre; mais il y en a quelques-uns dont il a donné la solution.

Il a résolu ceux qui concernent l'Atlantis et ses habitants, et la solution qu'il apporte est tellement claire qu'elle doit être définitive. La position du domaine d'Atlas a été déterminée, non par des raisonnements, mais par une démonstration géographique précise qui a permis de retrouver cette terre sur nos cartes, avec ses montagnes, ses routes et le tracé du littoral. La date et le rôle historique des Atlantes n'ont pas été déterminés avec moins de sûreté ; des témoignages nombreux nous ont démontré que cette nation a vécu à côté des peuples de l'Attique, de la Phénicie, de l'Égypte, de la Tyrrhénie, et ils nous ont permis de la suivre à travers les événements que l'histoire connaissait déjà, jusqu'aux siècles voisins de notre ère.

La solution qui replace l'Atlantis sur nos cartes, n'a pas seulement l'avantage d'écarter des énigmes gênantes, elle est utile surtout parce qu'elle enlève ce domaine au pays des chimères ; la terre des Atlantes est un des champs sur lesquels on a bâti le plus de rêves fantastiques.

La même solution résout aussi un grand nombre de problèmes qui intéressent en même temps le Nouveau Monde et les vieux continents. Elle donne à l'histoire primitive de l'Afrique septentrionale et de l'Europe un caractère de précision qui lui manquait. Elle permet de suivre les migrations et les luttes d'un grand nombre de peuples occidentaux, les Libyens, les Gétules, les Ibères, les Pélasges, sans compter qu'elle apporte des éléments nouveaux à l'histoire de l'Orient.

Mais ces faits n'ont pas été suivis assez loin pour épuiser les documents qui les racontent. En dehors de ceux qui concernent le Nouveau Monde [1], il y a deux séries d'événements qui se rattachent directement à l'histoire des Atlantes, et sur lesquels l'auteur de ce livre a déjà recueilli des matériaux nombreux. D'un côté il y a l'histoire des Japhétiques de la Libye intérieure, ceux qui allèrent explorer les mines de l'Hespérie avant l'arrivée des Chamites, et ceux qui se replièrent vers le Soudan lorsque l'Atlas leur fût enlevé : de l'autre il y a celle des Japhétiques européens.

Ces derniers, on le sait, se divisèrent en deux branches, les peuples méditerranéens ou du midi et les populations de l'intérieur ou du nord. A leur tour les Japhétiques méridionaux, ceux que l'on nomme Pélasges, mais qui ne connurent peut-être pas tous ce nom, avaient deux domaines distincts, l'un à l'ouest comprenant l'Italie et l'Espagne, l'autre à l'est ren-

---

1. Entre les questions nouvelles qui concernent l'Amérique, et dont la science s'est occupée, il y en a une, entre autres, dont l'histoire des Atlantes indique la solution, c'est le problème des croix mexicaines. M. le Dr Hamy a reconnu que les croix des Mayas portent les emblèmes du dieu de la pluie. Cette explication montre que les croix en question ne sont pas d'origine chrétienne, mais elle n'en indique pas l'origine même. En revanche on s'explique l'existence de ces monuments étranges quand on sait que l'Athènè libyenne, l'Aten des Égyptiens, était représentée par un soleil dont chaque rayon se terminait par une main tenant une croix ansée. C'est la croix égyptienne et libyenne qui a dû être transportée en Amérique.

fermant le bassin de la mer Égée avec les îles orientales. Sur le premier domaine vivaient les Ibères et les Étrusques ; l'autre appartenait aux Pélasges, proprement dits. C'est ce groupe oriental qui nous donnera la suite de l'histoire des Atlantes : l'autre n'a pas encore livré tous ses secrets.

Les Pélasges de l'Orient sont les enfants ou les sujets des Titans. Japet, ainsi que ses deux fils Prométhée et Atlas qui s'établirent sur les deux grandes montagnes du vieux monde ; Poséidôn qui prit la mer Intérieure ; Océanos qui domina sur la mer Universelle ; Kronos qui se fixa sur le Capitole, au centre du domaine japhétique ; Héraclès, le voyageur qui visitait successivement ces chefs et qui portait leurs messages ; tous ces maîtres des Européens primitifs qui s'étaient, en quelque sorte, partagé l'empire de l'univers, étaient les Titans, et leurs sujets étaient les géants.

Ces noms ont une signification historique très exacte ; il y a eu véritablement des Titans et des géants ; Kronos, Japet, Océanos et tous les autres ont existé. Ces personnages ne sont pas des mythes ; mais chacun d'eux, comme Héraclès, représente une série de chefs ayant pris part à une même œuvre. Les géants, en particulier, qui soulevaient de grands quartiers de roches, qui roulaient les montagnes et qui les entassaient pour en faire des remparts ou des chaussées, ce sont les robustes constructeurs qui ont élevé les monuments mégalithiques, les mineurs qui ont percé les montagnes pour en arracher les métaux.

Les hommes des générations suivantes qui ont vu leurs œuvres, ont appelé ces travailleurs des géants pour exprimer l'admiration que ces œuvres leur inspiraient. Nos pays de l'Occident ont connu ces géants comme la Grèce. Cependant les légendes occidentales racontent aussi que les grandes roches des dolmens et des menhirs ont été mises en place par des nains d'une habileté merveilleuse. Les deux traditions sont d'accord dans le fond et sont vraies toutes les deux : l'une rappelle la force physique des anciens travailleurs, l'autre fait allusion à leur force intellectuelle.

L'histoire des Titans fera suite à celle des Atlantes ; elle complète celle-ci et en indique la vraie signification. Les Titans ont parcouru le monde oriental pendant qu'Atlas partait avec Océanos pour les terres qui forment les deux rives de l'Atlantique. Ils ont d'abord occupé cette mer du Levant qui s'étend entre la terre de Citium ou de Chypre, la Crète et le Nil ; en même temps ils se sont emparés du bassin de la mer Égée ; de là ils ont étendu leurs conquêtes du côté de l'orient, et sont devenus les maîtres de l'Euxin jusqu'au Caucase ; leur invasion ne s'est arrêtée qu'à l'Altaï. Sur cet immense domaine et sur chacune de ses terres, ils ont accompli de grandes œuvres dont l'histoire a gardé le souvenir.

Dans la mer du Levant, leur centre principal fut la Crète. C'est là qu'ils fondèrent les usines métallurgiques des Dactyles, les hommes qui savaient se servir de leurs doigts ; ils n'y a que les Européens qui aient réellement connu ce secret. C'est de ces usines qu'Atlas tira ses mineurs et ses forgerons. Prométhée, le maître du feu qui sert à *toutes les industries* [1], en alluma les fourneaux. Il y prit une seconde brigade d'ouvriers qu'il conduisit vers les montagnes de l'Asie, en sorte que la cité ouvrière de l'Ida crétois fut l'école industrielle de tous les Japhétiques. C'est grâce à elle que les hommes de cette race purent exploiter les mines les plus riches des trois continents de l'ancien monde, et organiser les arsenaux qui armèrent les troupes de la coalition libyenne. Les Européens connaissaient la métallurgie depuis l'époque même où leurs langues se sont formées.

C'est aussi autour de la Crète que commencèrent les premières conquêtes des Pélasges et leurs premières luttes contre les Orientaux. Ils en partirent pour attaquer la vallée du

---

1. Eschyle, *Prométhée enchaîné,* v, 7.

Nil et inaugurer les guerres libyennes, dès l'époque de l'ancien empire égyptien, et il faudra reprendre les souvenirs qu'ils laissèrent dans ce pays pour compléter l'histoire de ces luttes. Les documents recueillis sur les Pélestas ne donnent qu'une connaissance insuffisante de ces invasions, d'autant plus qu'ils appartiennent à une époque bien postérieure et qu'ils sont pleins d'obscurité. Ils disent mal quelle était la patrie primitive de cette population qui finit par s'établir sur la terre des Philistins chamites.

Le second domaine des Titans fut le bassin de la mer Égée, l'Archipélagos ou mer principale, comme elle s'appelait alors, quoique le nom d'Égée, ou plutôt Aigaion, soit aussi ancien, pour le moins, que ce dernier. Le grand événement dont ce domaine fut le théâtre est la guerre des géants contre Zeus ou Jupiter. Cette lutte n'est pas un mythe, mais un fait historique, dont les champs de bataille se retrouvent sur la carte et dont la date peut être déterminée avec précision. Elle bouleversa profondément l'Europe et y laissa des traces que le temps a eu de la peine à effacer.

Zeus était un Oriental de la même race que les Chamites d'Égypte et de la Phénicie, quoiqu'il ait pris un nom européen. Il représentait le polythéisme apporté de l'Orient et c'est pour cela qu'il fut appelé le maître des dieux. Ses adversaires, les Titans, se battaient au nom de la foi européenne qui était monothéiste [1]. La lutte fut longue et sanglante. Elle arriva au moment même où s'engageait la guerre des Atlantes, ou plutôt elle se rattache directement à cette guerre qui prit tout à la fois un caractère religieux et commercial. A cette époque le grand chef pélasgique était Kronos, qui avait établi sa résidence sur le Tibre. Il combattit longtemps avec succès, repoussant les Orientaux et leurs dieux, qu'il dévorait, d'après la légende. Les traditions pélasgiques le représen-

---

1. En attendant la discussion et la preuve de ce fait, on peut voir le témoignage d'Hérodote, déjà cité, sur l'origine récente des dieux, II, 53.

taient comme le maître de l'âge d'or, et cette dernière expression n'était pas prise seulement dans le sens symbolique. Dans les légendes des Hellènes qui avaient subi la conquête religieuse de l'Orient, il devint un tyran, une sorte de monstre, et les Titans furent représentés comme des impies.

Zeus l'emporta et monta en triomphe sur l'Olympe. Mais le Titan du Caucase, Prométhée, qui avait autour de lui une population profondément dévouée à sa croyance en Dieu, celle des Iraniens, put annoncer avec certitude que les Européens chasseraient un jour les divinités orientales. La foi de ce fils de Japet et la lutte des Titans, expliquent les vieilles traditions libyennes que la reine Tii avait apportées à l'Égypte. Elles achèvent de nous faire comprendre toute la grandeur de la pensée européenne qui se manifeste dans cette période.

Le caractère religieux de ces vieilles luttes, la transformation opérée chez les Européens qui abandonnèrent peu à peu leur croyance première pour adopter les doctrines venues de l'Orient, l'invasion de ces doctrines arrivées par la double route de l'Asie Mineure ou de la Phrygie et de la Méditerranée ou de la Phénicie et de l'Égypte, tous ces événements qui se rattachent à la guerre des Atlantes, doivent être examinés quand on étudie l'histoire primitive de l'Europe, mais ils doivent être étudiés en Orient et non en Occident.

C'est à cause de cela que ces faits ont été indiqués seulement dans le livre des Atlantes. Cependant les Occidentaux eux-mêmes, les Libyens en particulier, se rappelaient cette lutte et racontaient que leur religion s'était transformée. Ils donnaient à ce récit la forme d'un mythe. Ils disaient que leur principale divinité, Athènè, avait d'abord été la fille de Poséidôn, qu'elle se brouilla plus tard avec son père et qu'elle se fit adopter par Jupiter [1]. La légende est très transparente, on y retrouve nettement indiquée la distinction entre l'Athènè

1. Hérodote, IV, 180.

pélasgique, identique à Aten, qui présida à la fondation
d'Athènes, et l'Athènè du second âge qui prit place dans le
Panthéon hellénique. Poséidôn qui se vit supplanté par Zeus,
était, comme Océanos et Atlas, un chef de l'émigration maritime qui se porta vers la Méditerranée occidentale. Il domina sur cette mer tout entière. En même temps qu'il fondait la
ville de Cerné, il bâtissait les remparts de Troie. Tous ces
faits prouvent que c'est en Orient, dans l'histoire des Titans,
qu'il faut chercher l'explication dernière des événements
dont l'Atlas a été le théâtre.

Les Titans,qui avaient étendu leur domaine jusqu'à l'Océan
et qui sont identiques aux Pélasges, étaient particulièrement
puissants dans la péninsule du Pinde. C'est là aussi qu'ils
ont laissé le plus de souvenirs. En conséquence, c'est dans ce
pays qu'il faudra résoudre le problème soulevé sur l'origine de
ce peuple. En attendant,il suffit de rappeler sur cette question
un ou deux grands faits qui confirment l'opinion exprimée
dans ce livre. L'antiquité elle-même avait reconnu la parenté
des Pélasges et des Européens. Virgile, qui avait étudié avec
soin l'histoire primitive de l'Italie, a indiqué la parenté de cette
population avec celle des Hellènes en disant que le siége de
Troie a été fait par les Pélasges [1]. Euripide a été encore plus
précis : dans un passage que Strabon nous a conservé, il rappelait que les habitants d'Argos furent forcés par Danaos de
quitter le nom de Pélasges pour prendre celui de Danaoi [2];
c'est ce dernier qu'ils portaient à l'époque de la guerre de
Troie. Ces faits suffisent pour démontrer que les événements
de l'histoire pélasgique doivent être attribués, réellement,
à la race de Japhet, et que les Européens ont pris place dans
l'histoire à une époque fort reculée, aussitôt que les Orientaux de l'Égypte et de la Syrie.

Dans le bassin de l'Euxin ou mieux du Pontos, car tous ces

1. *Énéide,* IX, v. 153.
2. Strabon, l. V, c. 2, § 4.

noms multiples qui désignent la mer dans les langues européennes,ont commencé par être des noms propres,l'œuvre des Titans présente les caractères mêmes qu'elle a montrés dans les terres baignées par l'Archipélagos et par la Thalassa. (Ce dernier nom, qui est celui d'une princesse pélasgique [1], désigna d'abord la mer du Levant.) Les Japhétiques y affirmèrent leur rôle de mineurs et de marchands avec leur haine contre les dieux orientaux. Ils y arrivèrent sous la conduite de Prométhée qui prit possession des forges des Chalybes, si ce n'est pas lui qui en alluma les fourneaux.

Ils s'établirent sur les chaînes montagneuses qui s'élèvent des deux côtés du Phase, la rivière de la toison d'or ou des mines, car le nom de Caucase, aussi bien pour les anciens que pour les modernes, désigne en même temps la chaîne du nord qui est couronnée par l'Elbrouz, et la chaîne du sud qui forme le talus de l'Arménie. Dans l'antiquité, le Caucase méridional portait ce nom jusqu'à l'Iran et même jusqu'à l'Inde. C'est là que se trouvait le principal domaine de Prométhée.

Les Japhétiques soumis à ce chef soutinrent deux luttes terribles contre les Orientaux. Ils virent d'abord arriver les soldats de ce roi Sésostris qui représente tous les conquérants égyptiens dans les traditions helléniques. Ils furent vaincus par ces étrangers et durent livrer leurs mines et leurs forges. Mais les peuples de la Grèce, lorsque Thésée les eut affranchis, armèrent les Argonautes pour reprendre le pays de la toison d'or et le bassin du Pontos. Ensuite l'Argo, ce navire que l'on portait à travers les terres, pour qu'il pût visiter tous les fleuves et toutes les mers, partit pour l'expédition qui lui fit explorer toutes les routes commerciales de l'orient. Les Hellènes reprirent possession de ces routes, sauf de celle du Triton, après en avoir chassé les Phéniciens. Ces événements

1. Diodore, V. 55. 1

ont un caractère historique nettement démontré : c'est la suite de la guerre des Atlantes.

C'est dans l'Iran que Prométhée soutint sa guerre religieuse, et la tradition rapportée par Diodiore, qui mettait sur la route conduisant de la Perse au pays des Parthes le rocher où ce Titan fût enchaîné, était aussi vraie que celle qui plaçait le lieu de son supplice dans le Caucase occidental. Il avait été vaincu dans ces deux montagnes. Dans celle de l'est il avait armé les Iraniens contre Zeus et ses dieux, et il avait commencé la lutte que les disciples de Zoroastre ont continuée en défigurant la tradition primitive des Titans.

Au moment où le chef du Caucase se courbait, en protestant, sous les chaînes que la Force avait rivées à ses mains au nom de Zeus, une portion des Japhétiques établis au nord de l'Archipélagos et du Pontos, se laissait gagner par les vainqueurs. C'est chez ces Européens apostats que Dionysos ou Bacchus, le fils de Jupiter d'après la légende, leva l'armée qui alla faire la conquête de l'Inde. Il arriva dans ce pays pendant la période à laquelle on reporte la rédaction des Védas, c'est-à-dire à l'époque même où le peuple qui a parlé le sanscrit pénétrait dans le bassin de l'Indus et dans celui du Gange. Son expédition est un événement historique dont la réalité est démontrée par de nombreuses preuves. Elle permettra de comparer les traditions des Pélasges avec celles des Indiens, et cette comparaison montrera de quel côté les souvenirs montent plus haut. Le problème est d'une telle importance qu'il suffit de l'indiquer maintenant, pour en reprendre bientôt la discussion.

Bien longtemps avant que les Japhétiques eussent commencé la conquête de l'Inde, les Titans avaient pénétré dans le bassin de l'Oxus où l'on veut placer le berceau des Européens. Ils avaient occupé ce pays à l'époque où ils allaient explorer les montagnes de l'Asie centrale et prendre possession de l'Altaï. Ce sont eux qui ont ouvert les premières mines dans cette chaîne, ou, si les Touraniens ont commencé cette exploitation, ils ne tardèrent pas à s'en emparer. Ils organisèrent, à côté de ces mines, des ateliers où l'on travailla l'or et le bronze et qui rivalisèrent avec ceux de l'Atlas. Tous ces faits sont certains, quoique la science moderne n'en ait pas encore entendu parler. Ils sont établis sur des documents aussi précis et presque aussi nombreux que ceux qui ont permis de retrouver l'Atlantis. C'est dans l'Altaï que se trouvaient les Arimaspes[1], les mineurs scythes dont le nom indique l'origine européenne[2]. Ils formaient la colonie la plus orientale de ces travailleurs de métaux qui appartenaient à la corporation des Dactyles. Le fait deviendra très clair lorsque les traditions qui se rapportent à la montagne asiatique seront discutées comme celles qui concernent l'Atlas.

En arrivant à l'Altaï, où s'arrêtèrent les explorateurs japhétiques du côté de l'orient, on peut mesurer l'étendue immense du domaine occupé par cette race. Dès les premiers jours, elle a préparé sa suprématie, non seulement par son travail industriel et par l'éducation morale qu'elle s'est donnée, mais aussi par son développement géographique. C'est elle, entre les races humaines, qui a pris sur le globe la part la plus vaste et la plus belle. Elle a occupé l'Europe presque tout entière, la Libye ou Afrique du nord et une partie notable de l'Asie. C'est même à cause de sa dispersion rapide qu'elle ne fonda pas d'abord des empires brillants qui pussent rivaliser par leurs richesses avec ceux qui s'étaient élevés dans les vallées du Nil et de l'Euphrate. Ici les populations concentrées sur un même point arrivèrent rapidement à la fortune ; les Européens travaillaient pour l'avenir.

A un moment donné, il y eut des échanges d'un bout à l'au-

---

1. Hérodote IV, 27. La détermination du pays des Arimaspes sera l'objet d'une étude semblable à celle qui a été faite sur l'Atlas.

2. Sur l'origine japhétique des Arimaspes, voir M. d'Arbois, ouvrage cité, p. 140.

tre dans ce vaste domaine japhétique, et la légende d'Héraclès s'en allant avec ses convois de chevaux et de bœufs de l'Atlas au Caucase et à l'Indus, n'est pas un mythe : le héros était chargé de la police commerciale de cet empire. La route d'échange qui arrivait à l'Altaï se prolongeait même jusqu'à l'Océan qui baigne les côtes orientales de l'Asie, car les Européens avaient entendu parler de cette mer. Elle atteignait la côte en face de l'archipel japonais. C'est par cette voie et en suivant le courant que le commerce ou la guerre y avait créé, que les Aïnos, cette colonie orientale de la race blanche, sont arrivés jusqu'aux terres qu'ils occupent au nord du Japon. C'est aussi par cette route, qu'ils ont parcourue en sens inverse, que les Basques ont traversé l'ancien continent d'un bout à l'autre, et qu'ils sont venus des gaves qui tombent dans le Pacifique à ceux qui descendent à l'océan Atlantique.

Cette dernière émigration eut lieu à la suite des guerres sanglantes qui éclatèrent autour de l'Altaï entre les Européens et les Touraniens. Dans une de ces luttes, l'Asie envoya du côté de l'ouest un flot d'envahisseurs dont les Vascons formaient l'avant-garde. L'invasion traversa l'Europe par la grande plaine du nord qui passe au midi de la Baltique, et y causa une perturbation profonde. Elle poussa devant elle les populations agricoles établies sur les pentes septentrionales des Carpathes et les rejeta du côté du sud-ouest et dans la vallée de l'Ister : tous ces faits sont établis sur des preuves historiques. Les Celtes tenaient le premier rang entre les peuples refoulés. Ils s'emparèrent peu à peu d'une grande partie de la vallée du Danube en commençant par le bassin supérieur de ce fleuve. Alors celui-ci prit le nom qu'il porte aujourd'hui, au lieu de celui qu'il avait reçu des Istriens, une branche des Libyens d'Europe [1].

C'était le moment où l'empire des Atlantes et des Titans

______

1. Les Gaulois, Galli, distincts des Celtes, sortirent à la même époque des régions situées au sud du Danube : l'histoire des Titans montrera qu'ils étaient apparentés aux Pélasges et qu'ils ont été connus dès la plus haute antiquité.

commençait la lutte qui l'a ruiné. Il était attaqué sur tous les points à la fois, dans l'Atlas par les Gétules, sur mer par les Phéniciens, dans l'Altaï par les Touraniens. Les Européens primitifs, les Lebou et les Pélasges succombèrent, mais ils furent remplacés par des populations plus jeunes entre lesquelles se signalèrent bientôt les Celtes et les Hellènes. C'est que l'Europe a toujours une réserve de combattants à mettre en ligne pour remplacer les vétérans. Sur cette terre, la lutte du travail continue sans interruption. Quelquefois le bruit des armes y remplace celui du marteau ou de la pioche ; mais on n'y dort jamais. Il faut savoir quelque gré aux Titans qui ont établi cette discipline.

En arrivant à la limite de cette étude, après avoir suivi l'histoire des Atlantes et jeté un premier coup d'œil sur celle des Titans, il reste à ajouter deux observations que le lecteur réclamerait certainement.

En premier lieu on remarquera que les documents employés dans ces recherches sont presque tous des documents écrits ; que les renseignements fournis par la science du préhistorique y tiennent une part fort restreinte ; enfin que les conclusions de ce travail semblent en désaccord avec celles que cette science a données.

C'est à dessein que les documents historiques ont été si largement employés : il s'agissait de démontrer que l'histoire a le droit de pénétrer dans des âges que l'on prétend mettre en dehors de sa juridiction. En même temps il ne faut pas trop s'étonner si les événements racontés d'après ces documents ressemblent peu à ceux que les fouilles du sol paraissent révéler. Les monuments non écrits, ceux que la pioche du géologue découvre, sont d'une très grande valeur, mais ils ne suffisent pas à eux seuls pour donner l'histoire d'une époque. Les débris ramassés dans la terre sont loin de représenter toute la civilisation de la race qui les a laissés, car cette race avait des tribus pauvres sur certains points et des riches sur d'autres.

On peut même remarquer que les riches des anciens âges, précisément parce qu'ils étaient riches, occupaient les cantons les plus fertiles, ceux que le travail des générations suivantes a bouleversés le plus souvent, en sorte qu'ils ont laissé moins de traces de leur passage que les pauvres établis dans les quartiers les plus mauvais. C'est dans les contrées les plus délaissées de l'Europe que les monuments de cet âge se trouvent en plus grand nombre.

D'un autre côté, ces monuments ne donnent pas même la représentation exacte de l'état social de ceux qui les ont laissés. Ainsi, à l'époque où les métaux avaient une grande valeur et où les communications étaient difficiles, on employait les instruments de pierre pour les usages habituels, et on tenait en réserve les rares instruments métalliques composant le trésor de la famille. On se gardait surtout de les enterrer dans les tombes des morts ou de les laisser dans les débris de sa hutte. Les restes de ces vieilles époques, comme les décombres de nos villes, ne représentent guère que le minimum de civilisation des âges qui les ont abandonnés.

Si cette histoire des Atlantes semble en désaccord avec les théories préhistoriques, elle est en contradiction plus formelle avec l'école historique actuelle sur beaucoup de points, en particulier pour ce qui regarde le berceau de la race européenne. Mais ceux qui pratiquent la science avec indépendance ne redoutent pas une contradiction pareille. On a rempli l'histoire des origines humaines des hypothèses les plus variées. Ce sont des images qui garnissent cette galerie lointaine. On les a mises à cette place parce que la pensée de l'homme a horreur du vide, mais elles ne sont pas toutes de pierre, bon nombre sont en plâtre ; si un coup de vent brise quelqu'une de ces dernières, ceux qui en connaissent la valeur ne s'en inquiètent pas trop.

Ces contradictions, qui deviendront plus fréquentes dans l'histoire des Titans, seront discutées à mesure qu'elles se présenteront. Pour le moment, il est nécessaire seulement de dire un mot de l'origine des Européens, afin de donner à cette étude un complément qui lui manque.

La science moderne a démontré par des preuves solides que les populations de l'Europe et celles de l'Inde avaient vécu ensemble pendant un temps assez long pour qu'il y eût entre elles communauté de langue. Elle a donné à cette langue primitive le nom d'aryaque, un nom que l'on peut accepter si l'on admet qu'il signifie ancien et qu'il n'a aucune signification géographique. Après cela on a cherché quelle pouvait être la contrée dans laquelle l'aryaque a été parlé, et l'on a décidé que cette terre devait se trouver du côté de l'Oxus.

Dans ces discussions multiples, la question philologique a été bien jugée, parce que l'enquête préalable était complète. La question géographique, au contraire, a été jugée légèrement, parce que cette condition essentielle a fait défaut. On a consulté les traditions de l'Iran et de l'Inde, et l'on a laissé de côté les traditions européennes en supposant qu'elles étaient sans valeur. L'étude précédente a montré ce qu'il faut penser de cette supposition.

La question est donc à reprendre. Quand elle reviendra en appel, on verra que les souvenirs des Pélasges, tels qu'ils ont été conservés par les écrivains de la Grèce, sont autrement clairs, autrement précis que ceux des Indiens, et qu'ils remontent aussi haut, pour le moins, que ces derniers. Ces souvenirs avaient été consignés dans des chants et aussi dans des livres par les Pélasges eux-mêmes, et c'est à ces traditions que les Grecs les ont empruntés. Ils nous apprennent que les Européens ont parlé leur langue primitive, l'aryaque si l'on veut, non pas sur une terre éloignée du côté de l'orient, et isolée dans l'intérieur du continent asiatique, mais dans une région occidentale, qui touchait à des mers multiples. C'est même à cause de cela que les langues européennes ont des expressions si variées pour indiquer les bassins maritimes.

Cette détermination, qui sera complétée plus tard, n'est pas seulement une question de géographie, elle a une portée plus grande. Il importe de savoir que la race européenne, tout en étant originaire de l'Asie comme toutes les autres races humaines, n'a pas reçu son éducation première sur la terre asiatique ; sur ces terres de l'Orient, il souffle une influence malsaine qui vient des empires corrompus par la servitude, celle qui a ruiné la belle race des Indiens, et cette influence, d'une façon générale, n'est pas arrivée jusqu'aux Européens.

Cette race de l'Europe, qui marche à la tête de l'humanité, a été européenne dès les premiers jours, géographiquement et historiquement, par le choix de son domaine et par le caractère qu'elle a imprimé à son œuvre, par la grandeur de ses aspirations, et par la discipline qu'elle a transmise aux peuples qui lui appartiennent.

NOTE SUR LE NOM DE MYRINA

Ce nom paraît avoir une importance exceptionnelle non seulement dans les traditions japhétiques, mais encore chez les Égyptiens. Il se retrouve textuellement sur les monuments de l'Égypte, employé dans un sens général pour désigner des chefs d'armée, et il devait être particulier aux Khétas. Ainsi dans l'inscription d'Amon-em-heb, lignes 13-14, un officier de Toutmès III raconte qu'il était avec le roi à la prise de Kateshu, en Syrie, et il ajoute : « Je ramenai des Marina au nombre de deux, prisonniers vivants. » Dans sa traduction anglaise de cette inscription, M. Birch rend ce nom par celui d'*officer*, officier (d'après une communication de M. L. Clugnet).

Cet exemple montre d'abord comment toutes les expéditions des Japhétiques africains et asiatiques avaient été attribuées à Myrina, dont on faisait une reine. Ensuite il donne une nouvelle preuve de la valeur des traditions pélasgiques. Il montre que ces traditions conservées par les Grecs expliquent de nombreux faits de l'histoire primitive de l'Orient. En ce qui concerne l'Égypte, elles feront voir que ce pays a eu des rapports avec les Libyens et les Pélasges dès les temps les plus reculés, avant l'arrivée des Phéniciens dans la Méditerranée, lorsque les Pharaons étaient les alliés des Lebou : ces faits se retrouveront, en partie, dans l'histoire des Titans. En attendant, on doit reconnaître que les Pélasges ont transmis à leurs héritiers des documents précieux et que leurs archives doivent être reconstituées. C'est une conclusion, une des plus importantes, de cette étude.

NOTE SUR LE NOM DES LYBIENS

Après l'arrivée des Galli, le nom des Lebou ou Libui, les hommes des rivières, n'a pas été effacé du sol gaulois ; il a été simplement traduit. Ces hommes refoulés au sud-ouest de ce pays, sont devenus les Aquitani, les gens des Aigues. Ils ont pris un nom de la branche orientale de leur famille qui avait habité sur les bords de l'Aigaion, la grande Aigue, et à laquelle appartenaient les premiers fondateurs d'Athènes. C'est autour de l'Aigaion, dans l'histoire des Titans, que se trouvera l'explication de ces faits merveilleux, dont les Grecs et les Égyptiens eux-mêmes avaient gardé plus d'un souvenir.

TABLE ANALYTIQUE

CHAPITRE V

CHAPITRE VI

CONCLUSION

Châteauroux. — Typographie et Stéréotypie A. MAJESTÉ.

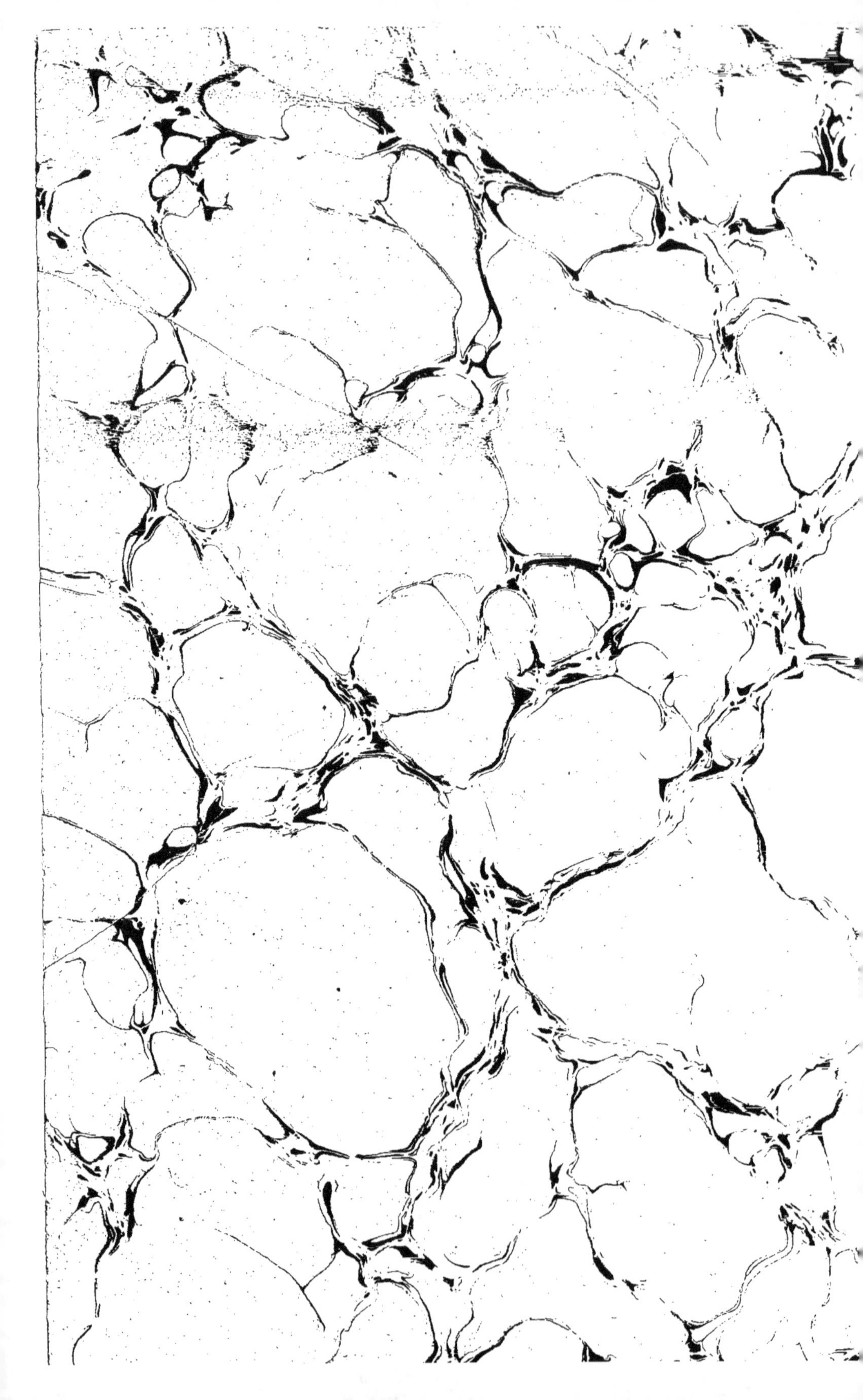

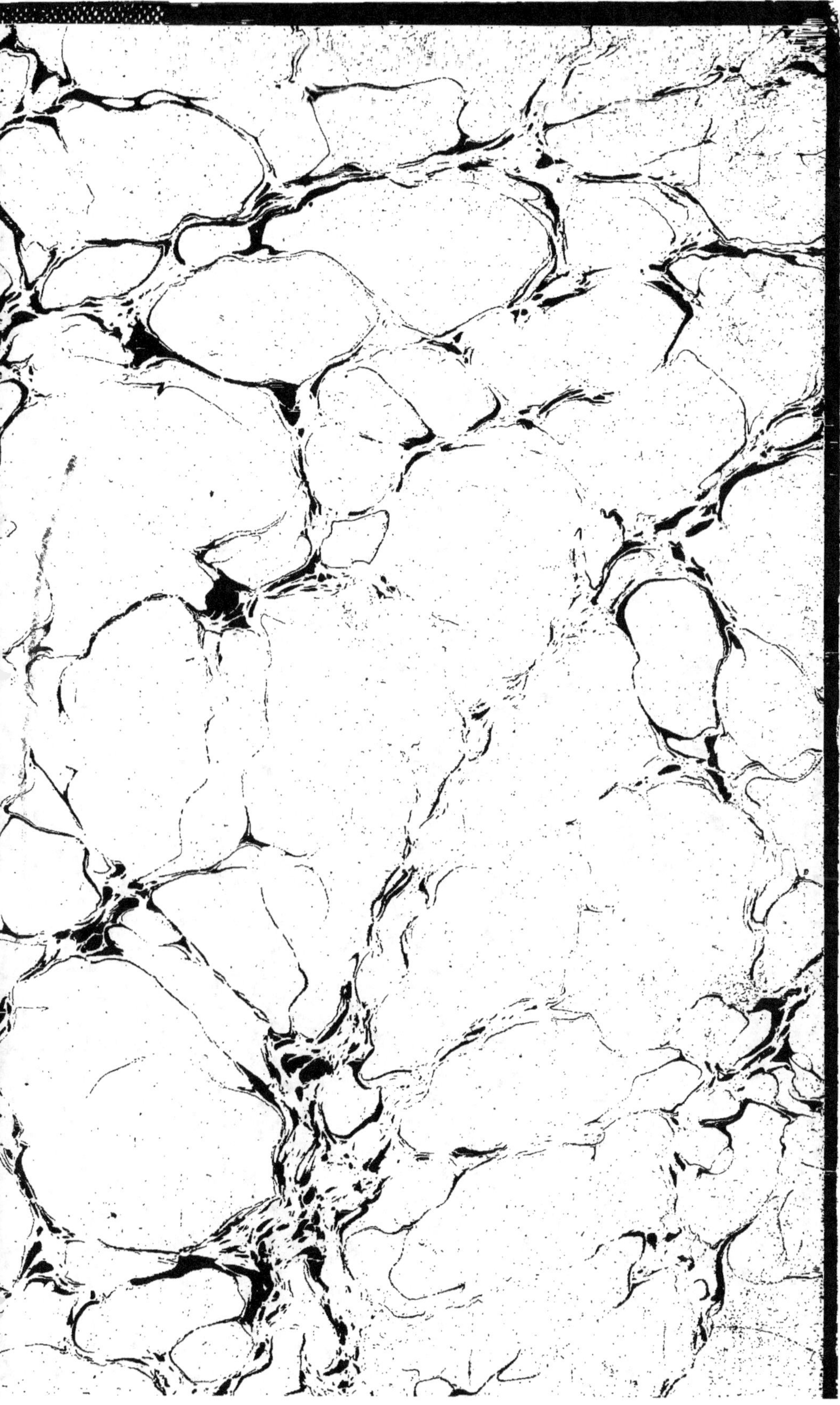